babycook book

David Rathgeber

et

Laurence Bonnet

Préface

Que du bonheur !

Je suis cuisinier. J'écris ce livre pour Alphonse mon fils, pour sa maman Mi et ses amies. Et pour les jeunes mères qui ont la même envie, ou le même souci : donner à son enfant le meilleur des fruits, des légumes et des produits qui font la vitalité de nos marchés, en même temps que le goût des saveurs nouvelles. D'ici ou d'ailleurs : Mi est suédoise, mais, sur notre table, les plats de son enfance font bon ménage avec les recettes de nos régions.

C'est Mi qui a acheté notre Babycook. Dès la naissance d'Alphonse, il y a deux ans maintenant. Pour préparer l'après « tout-lait ». Avec des produits frais, qui gardent le maximum de leurs vitamines, minéraux et oligo-éléments grâce à la cuisson à la vapeur. Mais, avec le temps, et surtout devant la richesse de couleurs et d'odeurs du marché, elle a voulu sortir du cercle des purées et compotes classiques. Partager avec son fils le plaisir de préparer (à deux), et de goûter (elle aussi) des « petits plats spécial Alphonse » - vite faits, bien faits pour qu'ils restent un plaisir de tous les jours. Oui mais quel produit choisir et pourquoi, comment le cuisiner et non plus seulement le cuire, pour qu'il ne soit que du bonheur ?

J'ai créé ces recettes comme je pense ma carte de restaurant. Par saison, avec les bons produits du marché. Chaque recette dégage la saveur d'un produit, soutenue parfois par une herbe, un aromate, une épice, ou mise en valeur par une alliance particulière.

Quand un légume est le thème d'une recette (j'adore les légumes !), je l'ai décliné en jouant sur « le cru et le cuit », « le croquant et le fondant », selon les principes d'Alain Ducasse, pour le faire découvrir à l'enfant sous ses divers aspects chaque fois que c'était possible. Avec des présentations ludiques, pour aiguiser sa curiosité et lui donner la tentation de picorer dans son assiette ou d'y tremper le doigt…

Comme de bien entendu, cette découverte doit être progressive : j'ai étudié mes recettes Babycook Book pour qu'elles soient évolutives, en respectant les principes de sagesse en nutrition, et en donnant des indications pour que les mamans puissent les adapter au développement de leur enfant, selon le rythme de chacun, et les conseils de leur pédiatre.

Le goût des préparations va s'enrichir et s'affiner au fur et à mesure que l'on pourra donner au bébé des éléments qui nous sont précieux en cuisine : un oignon nouveau ajouté aux légumes dans le cuiseur-vapeur, de jeunes pousses d'épinards crus intégrées au mixage pour relever la couleur d'un plat, un léger filet d'huile d'olive ou du persil frais « concassé » fin sur le dessus de l'assiette, quelques grains de fleur de sel en décor à goûter…

Leur consistance, elle, va se modifier au mixage. Selon le nombre et la longueur des impulsions données… qui dépendent aussi de la fermeté du produit : cerise ou févette, la technique ne sera pas la même ! Selon, aussi, la quantité de jus de cuisson, d'eau, de lait ou de crème fraîche ajoutée aux ingrédients entre chaque impulsion… On commence par un velouté ou une soupe assez fluide pour être bu(e) au biberon ; on continue avec une purée lisse pour les débuts à la cuillère ; puis avec une purée à consistance « caviar » quand le bébé s'exerce à mâcher ; enfin, avec une purée à petits morceaux quand les dents sont là.

À la réflexion, nous avons classé les 77 recettes du Babycook Book selon la logique du quotidien d'une mère : par famille de produits du marché. Naturellement, les légumes se taillent la part du lion, ce qui devrait satisfaire les pédiatres et les nutritionnistes, car ils sont trop souvent mal-aimés en dépit de leur valeur diététique.

Sur chaque recette, il est précisé pour quel âge minimum (donné à titre indicatif, avec toute la prudence requise) elle est conseillée, et pour quelle(s) saison(s), afin que les produits soient au meilleur de leur qualité.

Le premier chapitre est un avant-goût de l'ensemble. Il est consacré aux premières expériences : l'approche et la maîtrise du Babycook ; l'apprentissage de la maman en cuisine du « repas » de bébé ; et les appréciations du bébé. À 6 mois, Alphonse exprimait déjà clairement sa satisfaction… ou sa réprobation devant un goût encore inconnu, avant de (presque toujours) l'apprécier : à 18 mois, il aimait la betterave et le saint-nectaire, l'aneth et les cornichons…

Toutes les recettes du Babycook Book sont présentées avec leurs bons points (selon le cuisinier et le nutritionniste), avec mes conseils de « Papa-chef » pour le choix des ingrédients, et des idées de variantes à explorer.

Aux mamans ensuite de prendre le relais, et de mettre leur imagination à l'œuvre. Parce que diversité culinaire et diversification alimentaire vont très bien ensemble…

David Rathgeber
Chef du restaurant « Aux Lyonnais »
Papa-chef du Babycook Book

Sommaire

18

Nos premières fois
Premières purées et compotes

Nos premières fois

30

Récolte du potager
Les légumes

Récolte du potager

60

À la ferme
Œufs et fromages

À la ferme

76

Au pâturage Les viandes

Au pâturage

88

Arrivée de la marée Les poissons

Arrivée de la marée

102

Paniers de cueillettes Les fruits

Paniers de cueillettes

112

Desserts et goûters Gourmandises

Desserts et goûters

Autour du repas, tant de découvertes sous l'aile de Maman...

6

Nous y voilà. Le tout-petit a 4 mois. Il va commencer son exploration du vaste monde par l'essentiel : le goût des choses de la vie. Et la vie, pour l'heure, à part le nid des bras de Maman et les chatouilles de Papa, c'est le contenu du biberon. Les céréales, les premières compotes, les potages, vont être l'occasion d'essayer la becquée. Et de préparer le passage du cœur-à-cœur au face-à-face, pour ce dialogue tendresse que sera le repas.

Nouveau-né, il savait téter. Et reconnaître le sucré, le salé, l'acide et l'amer. Il est temps qu'il affine ces sensations-là... et qu'il manifeste son avis sur ses découvertes avec les mimiques à sa disposition. S'il n'aime pas ? On n'insiste pas ; on fera un autre essai quelques jours plus tard ; puis un autre... Et s'il refuse encore, c'est qu'il aura de la personnalité : ses goûts s'affirment !

Maintenant, c'est un grand bébé : il palpe son biberon, prend et suce tout ce qu'il attrape. Vers 5 mois, il va savoir ouvrir le bec devant la cuillère sans la repousser avec la langue ; et vers 6 mois, boire à « sa » tasse. Bientôt, il va sourire de ses toutes premières dents. Et vers 7-8 mois, il va passer de son transat à la chaise haute pour mieux dominer la situation à l'heure où Maman, avec son Babycook, annonce un moment très attendu...

... et « on » n'aime guère attendre quand l'estomac crie famine !

C'est le bon moment pour lui donner à goûter une nouveauté « salée » (pas salées du tout d'ailleurs, ou si peu avant 1 an, et à peine après !). **Ou une texture inattendue,** puisqu'elle est de moins en moins mixée jusqu'aux mini-morceaux qui fêteront ses molaires, entre 12 et 18 mois.

Maman, qui sait ce que l'on aime, a mis « le couvert du bébé », en sortant l'assiette à dessins qu'il découvre peu à peu, avec ravissement, à chaque cuillerée de cette drôle de purée d'un goût inconnu. Ce ne serait pas ce que, la semaine d'avant, Maman lui avait fait goûter sur une pointe de cuillère – pour voir s'il l'aimait ? Ou s'il aurait une réaction allergique ? Un peu des deux, on dirait...

Souvent, elle fait un joli décor avec la purée. Il y met les doigts (elle les lave toujours avant), y pioche des petits morceaux, elle rit : « ce n'est pas grave : le bavoir à manches est mis », elle raconte des histoires sur ce qu'il y a dans l'assiette, il fait ses commentaires, qu'elle fait semblant de comprendre. C'est le dialogue.

C'est vrai que ce n'est pas la peine d'apporter des jouets à table : ils distrairaient l'attention. Ce serait dommage ! D'ailleurs, on arrive vite au bout de l'assiette, sans être obligé de la finir : elle calcule juste ses portions, Maman. Et si on a encore faim, elle trouvera bien un petit bout de fromage par là...

7

Le plus gai, c'est l'heure du marché, presque tous les jours, « pour ne manger que du frais », dit Maman. On regarde de tous ses yeux les monceaux de couleurs ; on respire les odeurs, on goûte les choses que les marchands donnent, au bébé et à sa Maman (à Papa aussi, le dimanche) quand elle leur demande un avis. Parce que Maman ne veut que des « légumes de saison tout jeunes » des « fruits bien mûrs » ; des « œufs extra-frais » des « poissons archi-frais » en demandant au poissonnier de lui « lever les filets » et de la « viande tendre » qu'elle fait hacher devant elle par le boucher…

On ne flâne pas pour rentrer. Il faut vite mettre les achats au frais, et « ne pas casser la chaîne du froid ».

Maman range directement les surgelés au congélateur, à côté de ses petits plats pour bébé qu'elle a congelés (en portions) quand elle les a cuits d'avance parce qu'il les aime très fort ou que le légume était très gros (un potiron, par exemple !) et que toute la famille allait en profiter.

Puis elle met sous film ce qu'elle place dans le réfrigérateur « pour que leurs odeurs ne se mélangent pas ».

Enfin, elle dispose les fruits, les melons, etc. dans des corbeilles sur la table sans qu'ils se touchent (jamais au froid quand ils contiennent de l'eau, pour ne pas « casser » leur parfum, dit-elle). Ils n'auront pas le temps de s'abîmer : on les aura mangés avant après-demain.

Mais c'est quand Maman prépare le dîner du bébé (à la dernière minute), qu'on est le plus attentif : elle sort « son » Babycook et « son » Babycook Book (ils sont toujours ensemble, ces deux-là).

Et on en a l'eau à la bouche...

À nouveaux aliments, saveurs nouvelles. Et à quel âge ?

En quelque sorte, la diversification alimentaire est un jeu de piste. Un jeu grâce auquel le petit d'homme profite de l'évolution de ses capacités pour partir à l'exploration du monde des goûts et des saveurs. À pas de loup. Ne troublons pas sa prudence, elle a ses raisons. Sa curiosité l'emportera, si elle a été nourrie en temps et en heure...

Il a 4 mois. Le lait du nourrisson ne suffit plus pour satisfaire les dépenses d'énergie demandées par sa croissance en flèche. À 3 ans, son poids de naissance sera multiplié par 3, sa taille par 2, et son cerveau aura accompli la plus belle part de son développement...

Pourtant son système digestif est en cours de finitions, et pour un bon moment encore... Son estomac ne digérera bien certaines protéines qu'au fil du temps (on les choisit). Son foie arrivera à maturité vers 3 ans ; d'ici là, il ne digère les graisses qu'à petites doses (on les évite). Son pancréas produit très peu d'insuline jusqu'à 6 mois, puis peu jusqu'à 3 ans, qui ne stimule guère l'assimilation des sucres (on les oublie pour aussi longtemps que possible)... sauf l'amidon. Ses reins n'éliminent le sel que depuis l'âge de 3 mois (il n'en a guère besoin avant 1 an). Son intestin est sensible à tout ce qui n'est pas fibres tendres (on reste dans la douceur) ; et ne fera pas barrière immunitaire avant quelques mois : on se méfie des intolérances (gluten) et des allergies - iode, jaune d'œuf, fraises...

En face, chaque aliment a ses qualités. Et des inconvénients évidemment, sauf le lait maternel, « cette merveille de la nature » qui doit pourtant être complétée puis remplacée...

Mais aucun aliment ne contient tous les nutriments nécessaires à une alimentation équilibrée pour un petit être en plein devenir. Or les besoins en vitamines, minéraux et oligo-éléments que l'organisme ne sait pas, et ne saura jamais, fabriquer, sont quotidiens. Et impératifs.

Alors ? La variété dans l'assiette sera le meilleur gage d'une santé en bonne et due forme. Et une source de plaisir, si les parents ont commencé tôt, et bien pris le coche au moment où le bébé se passionne pour la découverte, car tout aliment nouveau ajoute une note à la gamme des couleurs, odeurs et saveurs familières. Après, il deviendra méfiant face à l'inconnu. Ce sera bien tard pour le convaincre de goûter à tout. En douceur, toujours. Manger doit être un moment privilégié : silence, on déguste !

En diversification alimentaire, chaque bébé va son bonhomme de chemin, et les conseils du pédiatre sont là pour guider les mères. Le contenu des biberons leur montre le volume grandissant de l'estomac. La réaction du bébé à sa nourriture, sa courbe taille-poids, et son appétit de vivre, leur indiquent au quotidien si son alimentation lui convient. Mais l'ensemble du parcours à venir leur paraît tout en devinettes...

Il y a pourtant une feuille de route commune.

Basique jusqu'à 3 ans : le lait, encore et toujours ! Pour son apport unique en protéines animales et calcium. Les carences que l'on décèle (déjà !), en fer, calcium, etc., prouvent qu'il devient un parent pauvre dans la diversification alimentaire... Minimum absolu : 1/2 litre par jour après 6 mois, produits laitiers compris. Mais pas de lait de vache avant 1 an, et seulement sous forme de laitages ou fromages jusqu'à 3 ans. Il est trop peu digeste, et trop pauvre en deux éléments hyper-précieux : le fer pour oxygéner les globules rouges, et les acides gras essentiels pour soutenir le développement du cerveau. Alors ? Du lait de suite de 4 à 12 mois, du lait de croissance de 1 à 3 ans. Uniquement. Et si possible, les laitages « spécial bébé » assortis.

Nourrissantes : les céréales, dès 4 mois, pour leurs glucides (dont l'amidon) qui viennent s'ajouter aux sucres du lait, et pour leurs calories. Blé, orge, avoine... Plus riz et maïs (sans gluten). Au biberon d'abord, en pâtes, desserts ou goûters plus tard.

Reminéralisants et vitalisants : les fruits et légumes frais, à fibres douces, à partir de 4 mois. Cuits - pas de crudités avant 1 an. Et en quantités qui devraient croître et embellir avec le temps. Pour leurs vitamines, sels minéraux, oligo-éléments. Et leur eau, désaltérante et hydratante en été.

Presque parfait l'œuf, à partir de 5-6 mois. En commençant par le jaune (dur), à qui il ne manque que des glucides pour être complet. Et en attendant 8 mois pour le blanc.

Vitaminés : le beurre dès 4-6 mois, cru, en lichette (vitamines A et D) ; et la crème fraîche, le plus léger des cops gras, à la pointe d'une petite cuillère. L'huile d'olive à 6 mois, crue, en filet (vitamine E, acides gras essentiels).

Protéinés : la volaille, maigre à point ; le jambon blanc (sans gras) ; et la viande, rouge ou blanche, mais maigre ! Après 6 mois. Indispensables pour la qualité de leurs protéines et de leur fer, le mieux assimilé par l'organisme ; mais en petites portions jusqu'à 3 ans (en général, elles sont 3 fois trop grosses !).

Iodés, fluorés, riches en phosphore et en sélénium, les poissons maigres : à partir de 6 mois, et à volonté ! Pour pousser dru, bien planté sur ses jambes, avec des dents à croquer la vie... Seul poisson gras recommandé : le saumon, pour ses acides gras essentiels, et sa vitamine D indispensable à l'assimilation du calcium et du phosphore...

Pour le reste, on attend : 15 mois pour les févettes et les omelettes ; 18 mois pour les chous, lentilles, pois chiches, et le chocolat ; 2 ans (au moins) pour les crevettes, coquillages et crustacés ; 3 ans pour les figues et les noix ; 7 ans pour le pain complet...

Rien ne sert de courir. Mieux vaut approfondir l'exploration de la palette des saveurs déjà à disposition !

Le marché du Papa-chef

Avocat

Abricot. Un fruit couleur soleil (carotènes) à chair sucrée (glucides) et fibres douces (facilitant le transit alimentaire), bien doté en potassium, apprécié dès 5-6 mois. Mais qui ne mûrit plus une fois cueilli. 122

Agneau. Une viande tendre (protéines, vitamines B, phosphore, et surtout du fer !), qui convient dès 5-6 mois. 78-79, 80-81

Ail. Grande richesse nutritionnelle. Action anti microbes, oxydants, allergies. L'ail nouveau, sans germe, est digeste. 27, 40-41, 54-55, 62-63, 94-95

Amandes. Râpées : après 3 ans. Entières : après 4 ans. Pour éviter toute « fausse-route ». Même si elles sont riches en lipides, protéines, minéraux (calcium, magnésium...), oligo-éléments (manganèse), vitamines (E, B9) et fibres. 114-115

Ananas. Un des fruits les mieux dotés en vitamines, stimule la digestion grâce à une enzyme, la broméline. À choisir frais toute l'année, avec les feuilles bien vertes, plus l'étiquette « voyage avion » qui garantit son transfert rapide depuis les Tropiques. Et à servir bien mixé à partir de 8 mois. 110

Aneth. Plante à tiges creuses, stimulante, antiseptique, diurétique, et anti-inflammatoire 92-93

Artichaut. Bien pourvu en minéraux (potassium, calcium) et en carotènes, l'artichaut contient parmi ses sucres de l'inuline, qui aide à l'assimilation des minéraux, et à l'équilibre de la flore intestinale. Mais sa teneur en fibres demande de ne pas le donner avant l'âge de 6 mois. 28-29, 46-47

Asperge. A la fibre tendre et l'action diurétique. Plus une profusion de vitamines (C, B9, carotènes) et minéraux. Poussée à l'air et la lumière, l'asperge verte a plus de goût que la blanche. De mi-février à fin juin sur les marchés, se conserve crue, en botte, 4 jours au réfrigérateur, dans un linge humide ou un papier journal, pointe en l'air. 36-37, 46-47

Aubergine. Cette cousine de la tomate contient du potassium, des carotènes et des fibres. À choisir la peau lisse, tendue, très brillante, de couleur uniforme, et le pédoncule vert et frais. Pour les plus de 1 an. 43, 62-63

Avocat. Pas de saison : il arrive d'Israël, de Floride, d'Amérique du Sud. Le choisir « à point », quand il cède à une légère pression du doigt (sans appuyer pour éviter les marques sur sa chair), et le laisser mûrir quelques jours à température ambiante. Seul légume à lipides, l'un des plus riches en potassium, c'est surtout un précieux cocktail d'acides gras essentiels et de vitamine E... à ne donner qu'après 1 an, quand le système digestif peut assimiler cette abondance. Le préparer au dernier moment, en passant du jus de citron sur sa chair, pour lui éviter de noircir à l'air. 44-45

Banane. D'autant plus sucrée (et nourrissante) qu'elle est jaune et tigrée. La laisser mûrir à l'air libre : cultivée aux Antilles, elle n'aime pas le froid. Elle est bien pourvue en potassium et magnésium, vitamines B, amidon et fibres douces, tolérées par l'intestin dès 4 mois. 21, 122

Bar. Quand il est pêché en Bretagne, il devient loup en Méditerranée. Poisson maigre, riche en protéines, iode et fluor. Dès 5-6 mois. 90-91

Basilic. Aromate à branches tendres et feuilles douces, toujours utilisé frais, base du pistou de Provence. 27, 40-41, 43, 44, 62-63, 90-91

Betterave. Bien aimée cuite car très sucrée (saccharose), peut aussi s'apprécier crue par les plus de 1 an. 84-85

Blette ou bette. Pousse toute seule dans nos potagers, toute bonne à manger : côte blanche et feuille verte. La plus réputée : la petite Blette de Nice, en primeurs sur les marchés du Midi. Un légume à fibres douces, d'une richesse méconnue : carotènes et vitamine C dans la feuille ; potassium, calcium et fer. À donner aux 5-6 mois. 48-49, 94-95

Bœuf. En bifteck à partir de 5-6 mois, pour sa richesse en protéines, fer, zinc, vitamines B1 et B2. À faire hacher devant soi par le boucher, et à donner à l'enfant dans les 3 heures. Ou à acheter en surgelé à moins de 5% de matière grasse. 82-83, 84-85

Brocoli. N°1 des légumes en vitamine C et calcium, conseillé dès 4 mois Se choisit les boutons fins et serrés, de mai à novembre sur les étals, venu de Bretagne ou de Normandie. Léger, digeste, la fibre douce, il s'allie bien au saumon (vers 1 an) et autres poissons à chair tendre. 34, 70-71, 92-93

Cabécou. Fromage de chèvre semi-frais. 27

Cabillaud. Le plus maigre des poissons, et l'un des plus riches en potassium. Fine et ferme, sa chair s'effeuille en « pétales » après la cuisson. Convient dès 5-6 mois. 92-93

Cannelle. Épice douce pour les plus de 1 an. Stimulante et antiseptique, serait bénéfique dans les douleurs digestives. 69, 121

Câpres. Toniques et diurétiques. 100-101

Carotte. Cuite, se donne dès 4 mois, si elle est « bio » ou du jardin (pour éviter le risque de trop de nitrates dans l'eau de cuisson). Crue (râpée), pas avant 1 an. Vendue en botte, « primeur » de fin avril à fin juillet, « de saison » jusqu'à mi-décembre, la carotte nouvelle s'achète craquante, colorée, les fanes vertes et fraîches ; et se conserve quelques jours au réfrigérateur, sans perdre sa teneur en carotènes, et en fibres qui régulent le transit intestinal. 22, 32-33, 46-47, 50-51, 56-57, 80-81, 84-85

Cassis. En compétition avec le kiwi pour la vitamine C et le calcium, précieux dès 4 mois. 122-123

Céleri. Riche en cellulose, qu'il soit céleri-rave ou céleri en branche, se donne vers 8-10 mois. 40-41, 50-51, 56-57, 80-81

Cerfeuil. Carotènes, vitamines C et K, calcium et potassium : à prendre tôt en considération. 24-25, 68

Cerise. Avec son fructose, plus sa vitamine C, ses minéraux, oligo-éléments et fibres douces, c'est l'une des premières alternatives au lactose du lait que l'on donne au bébé, dès 4 mois… (mais pas avant 4 ans avec son noyau !). Fragile, s'abîme vite à l'air libre (mais contient trop d'eau pour être gardée au réfrigérateur). Se choisit donc pas trop mûre mais bien colorée, queue verte, peau brillante et chair ferme ; et se mange dans les 48 heures suivant sa cueillette. 106-107

Champignons (de Paris). Fort riches en sels minéraux (potassium !) et oligo-éléments, vitamines B, D et K. À choisir jeunes, blancs sans lamelles sombres, pour les plus de 1 an. 87, 94-95

Châtaigne et marron sont tous deux fruits du châtaignier (la bogue de la châtaigne contient plusieurs fruits, pas celle du marron). Riches en glucides. 48-49, 116

Chocolat. Tonifiant (fer), énergétique (calories), renforce défenses immunitaires et équilibre nerveux (magnésium, potassium), après 18 mois. 120

Chou. Présent toute l'année, précieux l'hiver pour sa richesse bien connue en vitamine C. Mais attention à sa teneur en fibres et en soufre : attendre 18 mois pour que l'enfant puisse bien le digérer. 39, 74-75

Chou-fleur. Tendre, bien dosé en micro-nutriments et en fibres (cellulose). À partir de 1 an. 39

Ciboulette. Herbe bien pourvue en vitamine C, calcium et magnésium. A goûter vers 1 an. 68, 100-101

Citron. Vitamine C et calcium. Son jus empêche l'oxydation de la chair de l'avocat, des champignons, de la pomme… 28-29, 44, 48-49, 52-53, 90-91, 92-93, 96-97, 104, 106-107

Clou de girofle. Stimule l'appétit. Contient de l'eugénol, antiseptique utilisé dans les troubles digestifs et, localement, dans les maux de dents. 121

Coing. Sa pectine lui donne les mêmes qualités que la carotte dans les troubles intestinaux, mais en recettes sucrées (et cuites). Dès 4 mois 104, 116

Concombre. Cousin des courgettes, cornichons et melons. Riche en eau, donc désaltérant et diurétique. Source de minéraux et vitamines (dont toutes les vitamines B). Le choisir petit, d'un vert foncé uniforme, la peau lisse et bien tendue : il aura peu de pépins et ses fibres seront mieux tolérées (après 8 mois). 40-41

Coquilles Saint-Jacques. Protéines, vitamine C, phosphore, iode et zinc. Après 18 mois. 100-101

Coriandre. Épice citronnée, en baies ou en poudre. 26, 44, 78-79, 80-81

Cornichons. Relève les mets. À utiliser sans excès (acidité). 100-101

Courgette. Rapportée du Nouveau Monde pour la beauté de sa fleur (comestible d'ailleurs !), reconnue tard comme légume, est aujourd'hui sur les marchés de Provence de mai à octobre. Se choisit jeune, fine, longue, ferme et lisse ; d'une couleur uniforme, vert sombre. Elle se consomme dans les 48 heures, car elle se déshydrate vite. Digeste et légère, avec des fibres douces, une bonne répartition de vitamines et de minéraux, convient au bébé dès 4 mois. 26, 46-47, 64-65, 80-81

Cresson. Reminéralisant et tonifiant ! Presqu'à égalité avec le persil en calcium et en vitamine C, c'est l'un des légumes les plus dotés en minéraux et vitamines (B9, carotènes). Convient vers 5-6 mois s'il provient d'une cressonnière, alimentée en eau de source, et dont le statut en fait la salade la plus contrôlée. Mais pas de cresson sauvage, surtout pour un bébé ! 24-25

Crevettes. Des protéines, de l'iode, du zinc. Et de la vitamine C ! À acheter cuites (sauf à l'arrivée de la marée), fermes et l'odeur fraîche. À réserver aux plus de 2 ans. 44

Cumin. Graines d'épice à la saveur chaude. 78-79

Curry. Mélange d'épices indien. 39

Dinde. Protéines, phosphore, potassium, magnésium, fer... Ce « poulet d'Inde » découvert par Christophe Colomb en Amérique du Nord, mis au menu de Noël en France et de Thanksgiving aux Etats-Unis, se donne désormais au bébé dès 5-6 mois, en escalope levée dans la « rouge des Ardennes » ou la « noire » du Gers, de préférence. 74-75

Échalotte. La « rose de Jersey » est la plus douce en goût. « Nouvelle » en juillet, se choisit durant l'année bien ferme et bien serrée dans ses pelures. 68, 100-101

Endive. Très digeste, crue ou cuite, avec des fibres douces, bien tolérées dès 1 an. Riche en eau, minéraux (potassium, calcium), oligo-éléments (sélénium), et vitamine B9. Parmi les meilleures : la Perle du Nord. 52-53

Épinards. Connus pour leur teneur en fer et l'efficacité de leurs fibres, mais pourvus aussi en sels minéraux (potassium !, calcium et magnésium), oligo-éléments (fluor) et vitamines (C, K, B9). On peut les donner dès 5-6 mois s'ils sont du jardin ou « bios » ; sinon, attendre l'âge de 12 mois, car il risque d'y avoir trop de nitrates dans leur eau de cuisson... Ils peuvent s'acheter frais toute l'année (mais supportent mal les chaleurs d'été) ; se choi-

sissent jeunes, les feuilles fraîches, tendres, luisantes, d'un vert profond ; se conservent crus, lavés, au réfrigérateur, dans un torchon ; mais se consomment dès qu'ils sont cuits. 34, 36-37, 66-67, 96-97

Estragon. Aromate aux feuilles minces, dont le léger goût d'anis supporte la cuisson. 68

Faisselle. Version actuelle du lait caillé d'autrefois, Avec toutes ses richesses : protéines ; calcium surtout, et phosphore son compère ; magnésium ; vitamines D et A, plus un lot de vitamines B, et les acides aminés au complet... À partir de 1 an. 68

Fenouil, ou aneth doux. Plante médicinale depuis l'Antiquité, ce légume-feuilles méditerranéen au goût d'anis est l'un des végétaux frais les plus riches en eau et sodium, avec un bel apport en vitamines (C surtout, A, et B9). 46-47, 90-91

Févettes. Riches en protéines, glucides et fibres, denses en fer et cuivre (dont a besoin le foie pour exploiter le fer). Préférer les févettes du marché de Nice ou d'Aix, et enlever la peau sous la cosse pour qu'une fois cuites, elles soient tendres et digestes. À partir de 15 mois. 32-33, 46-47, 54-55

Figue. Riche en calcium et fibres (pectine), se choisit souple, la tige ferme. Après 3 ans. 123

Fraise. De Plougastel ou Gariguette du Midi, se choisit mûre, d'une belle couleur vive, sans trace de meurtrissure ; et se consomme vite, sans passage au réfrigérateur et sans contact avec d'autres fruits. Sucrée (fructose), équilibrée en vitamines (C, carotènes) et minéraux, elle contient de l'acide salicylique (l'aspirine, oui !) d'où les vertus médicinales qu'on lui attribue. Mais elle libère aussi de l'histamine d'où les risques d'allergies. À glisser donc petit à petit dans les menus du bébé à partir de 5-6 mois. 20-21, 114-115, 122

Fraise des bois. La mère des fraises cultivées. Mignonnette, Reine des vallées, Mara ou Délice, elle est fragile. À cueillir dans le jardin, ou à choisir pas trop mûre, ni abîmée ni humide. Et à manger dans la foulée. À partir de 6 mois, pour ses vitamines A et C, ses fibres. 114-115

Framboise. Très fragile ! À cueillir, ou à choisir, ferme, odorante, et l'aspect givré. À déguster « de suite », après 6 mois, pour ses vitamines A et C, ses fibres. 115, 123

Fromage blanc. La plus belle source des laitages en protéines. Concurrence le yaourt en calcium et en calories. À partir de 1 an. 64-65, 69

Fruit de la passion. Vitamine C et carotènes. À choisir rond et rebondi, la peau lisse et luisante. À partir de 8 mois. 110, 122-123

Gingembre. On lui attribue un beau lot de qualités : facilite la digestion, améliore la vue, soulage des problèmes respiratoires ; en infusion, combat la toux, les nausées ou la grippe... 121

Haricots verts. Légers, digestes. Bien minéralisés (calcium) et vitaminés (B9, carotènes). Riches en fibres. Dès 4 mois, choisis extra-fins. 35, 50-51, 80-81

Huiles... d'olive, de maïs, de tournesol : à partir de 6 mois, et crues de préférence ... d'arachide : pas avant 18 mois (risques d'allergie). Toutes sont riches en vitamine E et en acides gras essentiels bénéfiques au système nerveux de l'enfant. En calories aussi.

Huile de noix. 28-29, 68

Huile de pépins de raisin. 56-57, 86-87, 116, 118-119

Jambon blanc. Aussi protéiné, et riche en fer, potassium, calories que la viande. À partir de 5-6 mois. À condition d'être blanc, maigre (ou dégraissé) et de qualité : à l'os, par exemple. 26, 62-63, 72-73

Jambon fumé. Juste pour relever le goût d'un plat pour les « grands »... 84-85

Jambon séché. Lui aussi, juste pour relever le goût d'un plat de « grands »... 56-57

Kiwi. Dès 6 mois. Un trésor de vitamine C, d'accord, mais de calcium et de fer aussi... Peut être choisi ferme et mis à mûrir à côté d'une pomme (conseil de cultivateur). 110, 122

Laitue. (voir rougette) 24-25

Lard paysan fumé. A titre exceptionel, pour relever le goûtr d'un plat pour les « grands ». 74-75

Laurier. Feuille aromatique, s'utilise souvent en complément du thym, toujours en toute petite quantité, et s'enlève du plat avant de servir. 26

Lentilles. De grandes qualités : richesse intéressante en protéines, glucides et vitamines ; densité en fer qui fait concurrence aux épinards ; beaucoup de fibres (mais peu de cellulose) assez digestes, donc, pour les 18 mois et plus. Choisir des lentilles vertes du Puy, à acheter sèches et à laisser tremper une nuit avant de les cuire longtemps. Ou cuites, conservées sous vide... 56-57

Levure. Des protéines, la gamme des vitamines B, et un bel apport de calcium. 118-119

Mangue. Se choisit souple, ferme, sans trace sur la peau dont la couleur (de vert à orange) dit la variété et non le mûrissement. Vient d'Amérique, d'Afrique ou de l'Asie du Sud-Est (le meilleur parfum...). Se donne dès 6 mois, avant tout pour sa vitamine C et ses carotènes. 108, 110

Marrons (crème de). Voir châtaigne. 116

Melon. Hydratant, revitalisant, diurétique. Par son eau et son potassium ; ses sucres ; ses vitamines (C, carotènes) ; et toute la gamme des minéraux et oligo-éléments. À partir de 6 mois. 42

Menthe. Plante vivace au frais parfum. Calmante, antispasmodique, digestive. 42, 64-65, 80-81

Miel. Des sucres, oui, mais avec une belle dose de fer, des vitamines, des micronutriments... Le choisir avec le nom de la plante butinée et/ou de la région d'origine. Le miel d'acacia, clair et liquide, est le plus doux. 69, 122-123

Mozzarella. Fromage à pâte molle du Sud de l'Italie, fait avec du lait de bufflonne (la femelle du buffle), riche en protéines et lipides. La meilleure est de Campanie. Pour les plus de 1 an. 67

Mûre. Pour sa vitamine C et ses sucres, plus son équilibre en minéraux, oligo-éléments et vitamines. À partir de 6 mois. 116, 122-123

Myrtille. Bonne pour la vision (« le fruit des pilotes d'avion »), et le système digestif, à partir de 6 mois. Baie d'été, s'achète l'hiver en surgelé, pour la qualité de sa vitamine C. 116

Navet. Pour son potassium, son calcium, ses glucides et vitamines. Léger en petit légume de printemps. À partir de 18 mois. 46-47, 80-81

Noix et noisettes. Attention aux risques de « fausse-route » ! Pas avant 3 ans, même « émiettées », en dépit de leur richesse en lipides (acides gras essentiels), en protéines, phosphore et fibres. Noix fraîches en automne. 69

Noix de muscade. Épice douce à râper ou en poudre. 66-67

Noix de pécan. Grande qualité nutritionnelle, et hautement énergétique. Riches en acides gras, protéines, minéraux et oligo-éléments, apporte des vitamines originales (B1, B2, B3 et E). Bien mixée : à partir de 18 mois. 120

Œuf de poule. À choisir « extra-frais », « bio » ou « de poule élevée en plein air». Pour donner le jaune, dur, à partir de 5-6 mois (avec des essais prudents pour détecter des allergies éventuelles), plus le blanc (toujours dur) à partir de 8 mois ; l'œuf à la coque à 1 an ; les œufs au plat et les omelettes après 15 mois. Le jaune est le plus intéressant : richissime en phosphore et calcium, en fer, iode, et vitamines A, D, E, B9. Sans oublier ses protéines, lipides et calories... 23, 62-63, 64-65, 82-83, 86-87, 98-99, 116, 118-119, 121

Oignon. Riche en glucides et sels minéraux, carotènes et vitamines B, il est antibactérien. 24-25, 27, 32-33, 34, 35, 36-37, 38, 40-41, 46-47, 48-49, 54-55, 58-59, 62-63, 82-83, 84-85

Orange. Dès 4 mois. Pour sa vitamine C ! Plus ses carotènes, sa vitamine B9, ses fibres douces. 116

Pain blanc. La croûte se grignote vers 10 mois, la mie ne se mâche qu'après 18 mois. Le pain complet doit attendre, lui, l'âge de raison, 7 ans. Glucides, protéines, vitamine B9, fibres. Et gluten (risques d'intolérance). 32-33, 56-57

Papaye. Réputée à Tahiti pour son action bienfaisante dans la digestion des enfants. Estimée depuis par les chercheurs pour d'autres vertus protectrices de l'organisme. Se choisit moelleuse. Dès 4 mois. 110

Parmesan. Parmi les fromages les plus riches en calcium et phosphore. À partir de 1 an. 72-73

Pastèque. Gorgée d'eau, riche en vitamines. À choisir avec la peau lisse, épaisse, souple, de couleur homogène, et, au pied du pédoncule, cette craquelure qui dit qu'elle est aussi bonne que belle pour les plus de 8 mois. 107

Pâtes. Glucides, protéines et calories. À donner à partir de 6 mois en vermicelle ou en alphabet à potage, vers 8 mois en « pâtes de grands ». 67

Pêche. L'un des premiers fruits à donner au tout-petit. L'un des plus fragiles, aussi. Désaltérante, sucrée, vitaminée (A), la fibre douce - si elle est mûre à point. La soupeser pour sentir sa souplesse, sans la tâter pour ne pas la meurtrir. Ou l'acheter pas trop mûre, et la laisser mûrir hors du réfrigérateur, sans contact avec d'autres fruits. À préparer au dernier moment. 20-21, 105

Persil plat. Très très bon pour la santé ! Aromatiser potages et purées du bébé d'un jus de persil ou, ensuite, de feuilles « concassées » fin, lui permet d'en consommer frais avec ses qualités intactes : fantastiques richesses en potassium, calcium et magnésium, en vitamines C et K, carotènes... 26, 38, 46-47, 52-53, 62-63, 86-87

Petits pois « du jardin ». Se trouvent de mai à juillet sur... les marchés, où on les choisit en cosses lisses, brillantes, pleines, et fraîches dans la main. Tendres (fibres douces) et sucrés (glucides), ils ont la meilleure densité en protéines des légumes verts. Frais (bios) ou surgelés, ou les donne en soupe dès 4 mois, en purée dès 6-8 mois. Mais pas de petits pois entiers aux moins de 3 ans, pour éviter une « fausse-route » ! 32-33, 46-47

Pignon. Fruit du pin, dont la saveur subtile de la graine serait appréciée à travers le monde depuis la préhistoire. Riche en protéines et en calories, elle donne aussi une huile que l'on dit bénéfique pour l'effort intellectuel. 62-63

Poire. Fruit d'été surtout, d'automne et même d'hiver, à manier avec douceur pour éviter de la marquer, et à couper au dernier moment pour lui éviter de noircir. Rafraîchissante et hydratante, contient des fibres douces et, parmi ses sucres, du sorbitol qui stimule la digestion. Convient dès 4 mois. Cueillie, elle mûrit encore... 21, 48-49, 105

Poireau. Basique d'hiver, mais le petit poireau

nouveau du printemps, parfumé et délicat, est préférable pour les enfants (dès 4 mois). À consommer souvent, pour son action reminéralisante et diurétique, ses fibres, glucides et vitamines. Se choisit très frais, le fût long, droit et blanc, le feuillage dressé et bien vert, même si on ne donne que le blanc au bébé. Peut rester quelques jours cru au réfrigérateur, mais ne se conserve pas cuit. 38, 70-71

Pois chiche. Nutritifs et énergétiques. Denses en vitamines, minéraux et oligo-éléments. Mais leurs fibres et leur soufre sont à déconseiller aux moins de 18 mois. Ces graines présentes dans l'houmos, les falafels et le couscous, se choisissent bien blanches, sans rides, et doivent tremper longtemps avant d'être cuisinées. 58-59

Poivron. Gros piment doux. À choisir plutôt rouge que vert car, plus sucré, il contient deux fois plus de vitamine C (carotènes, aussi). À acheter ferme, brillant, lisse, et intact. 40-41, 43, 62-63

Pomme. Précieuse dès 4 mois. Pour sa richesse en eau, sucres, vitamine C (dont la Reinette est la… reine) ; son équilibre en micro-nutriments ; sa douceur de fibres (pectine). À choisir ferme, la peau brillante (mais qu'elle n'ait pas l'air cirée…). Si elle est mangée crue, la couper au moment de servir, ou passer du citron sur sa chair pour lui éviter de noircir. 48-49, 105

Pomme de terre. En purée : pas avant 8 mois, à cause de sa teneur en fibres. Mais attendre 18 mois pour les frites et chips. Sa richesse en glucides (dont l'amidon), carburants de l'énergie, laisse loin derrière les autres légumes. S'y ajoutent sa belle gamme de minéraux et oligo-éléments, plus sa teneur en vitamine C (mais oui !), surtout quand elle est fraîchement récoltée à partir de mars, « nouvelle » ou « primeur » jusqu'au 31 juillet. 22, 24-25, 26, 34, 35, 38, 46-47, 48-49, 50-51, 54-55, 70-71, 78-79, 82-83, 84-85, 86-87, 94-95

Porc. Pour enrichir un plat de « grands ». Sinon, attendre 4 ans (et le plus tard possible pour les charcuteries), sauf pour le jambon blanc maigre, à donner dès 5-6 mois. 82-83

Potiron. Dès 4 mois. Richissime en potassium, et en bonne position dans les légumes les plus pourvus en carotène. Comme la citrouille, il est de la famille des courges d'Amérique du Nord, qui possèdent de drôles de vertus : éloigner les morts, devenir carosse, ou décor d'Halloween… Comment facilement le reconnaître ? Par le pédoncule ! Le potiron présente un pôle aplati. 23, 48-49, 72-73

Poulet (blanc de). Sans peau ! Léger et digeste à partir de 5-6 mois : bien protéiné et maigre, avec un bel apport en fer, potassium, phosphore, et vitamines B. 70-71, 80-81

Prune et mirabelle. Dès 4 mois, en petite quantité. Bien dosées en minéraux et oligo-éléments. Dépuratives (sorbitol et fibres). Cueillies mûres, elles sont recouvertes d'un film blanc. 122-123

Radis. Riche en sels minéraux, intéressant en vitamine C. À choisir ferme et petit. 46-47

Raisin. Le plus sucré des fruits frais, bien minéralisé (potassium), riche en fibres. Sans peau ni pépins : dès 4 mois. Avec pépins : après 4 ans. 48-49

Rhubarbe. Action astringente et fibres efficaces. Attendre l'âge de 1 an. 114

Ricotta. Fromage de chèvre ou de brebis, adopté par la cuisine traditionnelle de Campanie. Entre dans des desserts comme la Pasteria de Pâques à Naples. 67

Romarin. Tonique et stimulant. 58-59

Rougette. Laitue compacte et colorée (teintée de rouge), à cœur ferme et croquant, au goût sucré. Rougette de Montpellier ou du Midi, elle est riche en eau, mais aussi en fibres, minéraux, oligo-éléments et vitamines… 24-25

Salsifis. Glucides, fibres. Après 18 mois. 48-49

Sarriette. Plante méditerranéenne très parfumée, un peu citronnée. 54-55

Sauge. Plante méditerranéenne à la saveur un peu amère, digestive et stimulante. 50-51

Saumon. Migrateur né en eau douce, il grandit en mer et se reproduit dans les rivières qu'il remonte. Seul le saumon sauvage de moins de 3 ans, d'Écosse ou de Scandinavie, est donc un mets de choix. « Poisson des mers froides », il est riche en acides gras essentiels et en vitamines A et D - qui favorise l'assimilation de son calcium et son phosphore. À partir de 1 an. 94-95

Semoule de blé dur. Glucides et protéines. Après 6 mois (risque d'intolérance au gluten). À la cuisson, absorbe 3 fois son poids d'eau. 82-83

Serpolet. Thym sauvage au parfum discret. 35

Sirop d'érable. Le miel du Canada… 118-119

Sole. Poisson blanc maigre, très fin, très riche en calcium et en phosphore. En iode et en fluor aussi. Idéal dès 5-6 mois, acheté archi-frais, servi bien cuit, la chair d'un blanc nacré (qui serait plus sèche si la sole était surgelée). 96-97

Thym. S'utilise surtout cuit. Choisir la farigoule du Midi à toutes petites feuilles, très aromatisée ; efficace dans la digestion. 26, 56-57, 94-95

Tomate. La pulpe d'une tomate bien mûre convient, cuite et sans pépins, dès 4-6 mois, mais ne sera servie crue qu'après 1 an. Pour acheter une tomate à son apogée en parfum, saveur, vitamines (dont la C !) et minéraux, attendre les marchés de mai ; et la conserver à l'air libre : le froid retire tout goût à cette « pomme d'amour » provençale. 27, 40-41, 62-63, 70-71, 78-79, 90-91

Vanille. Gousse parfumée des îles, dont on râcle la pulpe. 105

Veau. Viande maigre et tendre, se donne en escalope à partir de 5-6 mois. 86-87

Vinaigre balsamique. À base de moût de vin, vieilli en fût (plus de vingt ans pour le meilleur vinaigre balsamique de Modène). Peu acide, goût sucré. 52-53

Vinaigre de Xérès. Produit à partir du vin de Jeres, en Andalousie. Son goût boisé et ensoleillé provient des fûts de chêne où fermente le vin pendant environ six ans, ou beaucoup plus ! 40-41

Yaourt. Du calcium ! Ce lait fermenté est précieux aussi par ses protéines et ses vitamines (B2, B12). Mieux : les yaourts « spécial bébé » pour les 1-3 ans, faits avec du lait de croissance, enrichis en fer et acides gras essentiels. 122-123

Un bébé qui grandit... déjà ! Et qui va goûter ses premières saveurs et textures autres que le lait et les céréales.

Une maman qui s'investit dans son rôle de mère attentive à nourrir son petit de ce qui est bon pour lui.

Et un Babycook tout neuf.

Parce que la cuisson à la vapeur est reconnue comme la meilleure, et de loin, pour conserver aux aliments leurs qualités les plus précieuses... et qu'il faut les mixer dans le même élan, selon la consistance correspondant au développement de l'oisillon, pour lui donner la becquée dans les minutes qui suivent...

Cela mérite un chapitre. Pour se familiariser les uns avec les autres. Avant de prendre de l'aisance avec le matériel, des libertés avec les conseils, et savourer pleinement ces instants privilégiés parent-enfant que sont les repas de Bébé. Parce que papa aussi va participer. C'est bien un Papa-chef qui a créé ces recettes, pour Alphonse, son fils !

Ces recettes sont toutes simples, dans un premier temps.

On va cuire à la vapeur les premiers fruits et légumes donnés au tout-petit, en respectant leur goût le plus pur (les Compotes des P'tits Potes). Et en proposant aux mamans de les affiner peu à peu (soupe de carottes, fondue de tomate) ; de les enrichir au fil du temps (velouté de potiron, courgette écrasée à la fourchette) ; de les décliner avec des légumes-cousins (du cresson à la rougette) ; de les sophistiquer carrément parfois, pour les jours de fête - l'artichaut feuille à feuille !...

On va, ensuite, donner au mixeur les impulsions qui aboutiront à la consistance voulue selon des étapes annoncées... car le tout-petit deviendra grand ! Soupe fluide ou velouté bien lisse à boire au biberon ? 3 impulsions. Purée ou compote quand on aborde la cuillère ? 2 impulsions. Consistance marmelade ou caviar (!) quand on ouvre le bec sur ses premières quenottes ? 1 impulsion... à écourter lorsque le petit bonhomme entendra mâcher des petits morceaux.

Les produits sont choisis. En accord avec les grands principes de la nutrition de l'enfant. Et avec quelques conseils pour aider à les ramasser ou à les acheter au plus tendre de leur forme.

Les saveurs sont douces. On les relèvera plus tard. Un tout petit peu vers 1 an, un peu plus lorsque les goûts s'affirmeront, vers 18 mois. En principe. Car on voit des téméraires adorer le vinaigre (le balsamique, le plus doux, pour commencer), ou les grains de fleur de sel – même si ce n'est pas du tout conseillé avant 1 an, et très peu après...

Et les recettes de ces « premières fois » sont évolutives. Parce que, si Bébé les aime, ce sera pour longtemps.

19

Nos premières fois

L'avis de Maman :

Ce sont des desserts très désaltérants l'été, et précieux quand le bébé n'aime pas l'eau. D'ailleurs, on peut aussi parfumer les biberons d'eau, en les allongeant avec du jus de cuisson des fruits...

20

Nos premières fois
Premières purées et compotes
Printemps-Été

4 mois et +

Les compotes des P'tits Potes

[**10 à 15 mn**

Les ustensiles utiles

Planche à découper
Petit couteau pointu
2 grands verres (ou biberons)

À la base

Des duos de fruits de saison, à mixer juste avant de les donner au bébé, tièdes, frais, ou même glacés (pour les plus de 1 an, car leur succès va durer !). En les sucrant un peu, si besoin. Et en gardant au frais leur jus de cuisson pour l'heure du goûter...

Compote pêches – poire

Les courses pour 1 bébé de 4 mois

[**au marché** 2 pêches de vigne bien rouges
1 poire Williams

[**en épicerie** 1 petite pluie de sucre blanc

Les bons points de cette recette

Pêche et poire conviennent au tout-petit. Rafraîchissantes et hydratantes, légères et vitaminées, elles ont la fibre tendre. Et la poire ajoute aux sucres de la pêche son sorbitol, qui stimule la digestion. Mais toutes deux sont fragiles, à manier avec précaution, et à préparer au dernier moment.

La bonne manière

[Passer les fruits sous l'eau. Peler la poire, la couper en quatre, enlever cœur et pépins, découper la pulpe en morceaux que l'on place directement dans le panier à vapeur. Peler les pêches, en glissant d'abord le dos du couteau sur toute la pêche pour que la peau se détache facilement (technique de connaisseur !). Les couper en deux, enlever le noyau, découper la pulpe en morceaux à ajouter dans le panier. Faire cuire 5 mn (niveau d'eau 1). Garder le jus de cuisson dans un verre. Transvaser les fruits dans le mixeur, donner 1 impulsion. On goûte, si nécessaire on saupoudre d'un peu de sucre. Et on sert encore tiède...

Compote poire – fraises

Les bons points de cette recette

La fraise est gorgée de fructose et de vitamine C quand elle est mûre : rouge brillant, parfum puissant. Mais les risques d'allergies à son histamine demandent d'attendre 5-6 mois pour la mettre petit à petit au menu. La poire apporte son eau, ses sucres et vitamines. Duo réussi !

Les courses pour 1 bébé de 6 mois…

[au marché 1/2 poire, Passe-crassane au printemps, Williams en été
1/2 barquette de fraises de Plougastel (125 g)

[en épicerie 1 petite pluie de sucre roux

… et pour 1 enfant de 1 an

1 poire entière
1 barquette complète de fraises (250 g)
(… et le sucre roux)

21

Le conseil du Papa-chef :

Pourquoi une poire Williams en été ? Parce que, juteuse, fondante, parfumée, elle est parfaite pour les compotes et marmelades, ou écrasée à la fourchette. Et au printemps ? Choisissez la Passe-crassane, sucrée et qui se tient bien.

La bonne manière

[Laver la poire, la couper en quatre, peler les quarts, enlever cœur et pépins. Mettre les quarts dans le panier à vapeur. Laver les fraises dans une passoire sous l'eau froide, les égoutter, puis les « équeuter ». Les ajouter dans le panier. Cuire le tout 10 mn (niveau d'eau 2). Garder le jus de cuisson dans un verre. Transvaser les fruits dans le mixeur. Donner 2 impulsions pour obtenir une compote légère et fluide.

[On goûte, on ajoute du sucre prudemment jusqu'à ce que le goût de la compote soit agréable, sans masquer la saveur des fruits…

Compote banane – fraises

Les bons points de cette recette

Bon tandem ! Dense, moëlleuse, sucrée (d'autant plus qu'elle est jaune et tigrée), la banane est une magnifique source de potassium et de magnésium… Légère, dynamisante, la fraise est un pur concentré de fructose et de vitamine C - mais n'oubliez pas le test d'allergie éventuelle…

Les courses pour 1 bébé de 6 mois…

[au marché 1/2 banane mûre
1/2 barquette de fraises Gariguettes (125 g)

[en épicerie 1 petite pluie de sucre blanc

… et pour 1 enfant de 1 an

1 banane entière
1 barquette complète de fraises (250 g)
(… et le sucre blanc)

La bonne manière

[Éplucher la banane. Couper une moitié (pour les 6–12 mois) ou la banane entière (pour les plus de 1 an) en gros morceaux, que l'on place dans le panier à vapeur. Laver les fraises dans une passoire sous l'eau courante, les égoutter, puis les « équeuter ». Les ajouter au panier. Cuire le tout 10 mn (niveau d'eau 2).

[Verser le jus de cuisson dans un verre. Transvaser les fruits dans le mixeur. Mixer (2 ou 3 impulsions), en ajoutant du jus (en toute petite quantité) entre chaque impulsion, jusqu'à obtenir une compote légère, de la consistance désirée. Goûter, sucrer un peu si besoin.

Le conseil du Papa-chef :

La carotte est le premier légume à donner aux bébés : dès 4 mois, pour les initier à une alimentation diversifiée. C'est l'une des premières recettes que j'ai faites à Alphonse. Il l'a très bien assimilée.

22

Nos premières fois
Premières purées et compotes
Toutes saisons

4 mois et +

Soupe de carottes

[**20** mn

Les ustensiles utiles

Planche à découper
Économe
Petit couteau pointu

Les courses pour 1 bébé de 4 mois...

[**au marché** 1 carotte « sable »
1 pomme de terre Charlotte

[**en épicerie** 1 noix de beurre (pour les 6 mois et +)

... et pour 1 enfant de 1 an

[**au marché** 2 carottes « sable »

[**en épicerie** 1 mini-pincée de sel
1 noix de beurre
... et quelques glaçons éventuellement

Les bons points de cette recette

La carotte ! On l'aime dès le berceau en France (et on lui reste fidèle). Pour sa couleur gaie et son goût sucré. Avec raison : son bêtacarotène fait la peau belle, les joues (et les fesses) roses ; ses fibres douces facilitent la digestion. À condition qu'elle soit du jardin ou achetée bio (pour un minimum de nitrates). La pomme de terre ajoute sa richesse en amidon, en minéraux et en vitamines. Et le beurre est une superbe source de vitamines A... consommé cru.

La bonne manière

Pour les tout-petits de 4 mois, et jusqu'à 1 an

[Laver la carotte et la pomme de terre sous l'eau. Les éplucher à l'économe, les laver. Couper la carotte en fines rondelles (attention aux doigts !), la pomme de terre en petits dés, et mettre à cuire 15 mn (niveau d'eau 3) dans le panier à vapeur. Jeter le jus de cuisson. Transvaser les légumes dans le mixeur. Donner 3 impulsions, en ajoutant un peu d'eau faiblement minéralisée entre chaque impulsion, jusqu'à obtenir une consistance bien lisse, assez fluide pour le biberon ; un peu plus dense, ensuite, pour l'apprentissage de la cuillère...

Pour les plus de 1 an

[Vérifier d'abord que le beurre frais est dur. Sinon, le placer sur des glaçons. Oubliée la pomme de terre ! Préparer donc les carottes comme ci-dessus, mais en les saupoudrant d'un soupçon de sel avant les cuire. Jeter le jus de cuisson. Et procéder comme ci-dessus avec le mixeur jusqu'à obtenir la consistance lisse désirée. Verser dans l'assiette de Bébé, en coupant le beurre en petits dés bien frais à poser dessus, pour le plaisir de les voir fondre en auréoles couleur soleil sur le fond orange...

Le conseil du Papa-chef :

Pour les grands, je joue « le croquant et le fondant », en posant sur le velouté quelques dés de potiron (50 g) que j'ai gardés crus pour les passer à la poêle avec très peu d'huile d'olive, sans les laisser colorer, et en les « séchant » sur du papier absorbant.

4 mois et +

Velouté de potiron

[**20** à **25** mn

Les ustensiles utiles

1 bol
Cuillère à soupe
Planche à découper
Petit couteau pointu

… et pour les plus de 8 mois
1 bol, de plus
Petite poêle (éventuellement)
Papier absorbant (éventuellement)

Les bons points de cette recette

Tendre et sucré, le potiron plaît très tôt. Tant mieux ! Il est recommandé dès 4 mois pour son abondance en potassium, fer et magnésium ; ses fibres douces ; et le bêta-carotène (belle croissance, bonne vision) qu'affiche sa couleur soleil… Le jaune d'œuf est un chic compagnon de route, avec ses protéines de qualité, son phosphore, et ses vitamines (B surtout).

Les courses pour 1 bébé de 4 à 12 mois…

[**au marché** 100 g de potiron à 4 mois (= 1 petite tranche)
150 g de potiron à 8 mois (= 1 tranche moyenne)
200 g de potiron à 1 an (= 1 grosse tranche)

… avec, à 4 mois : 2 cuillères à soupe de lait de suite
… plus, à 8 mois : 1 jaune d'œuf « extra-frais » d'une poule élevée en plein air
1 noisette de beurre

… en ajoutant, pour 1 enfant de 1 an

[**en épicerie** 2 cuillères à soupe de lait de croissance (au lieu du lait de suite)
1 cuillère à soupe d'huile d'olive
1 mini-pincée de sel
1/4 de tour du moulin à poivre blanc

La bonne manière

[Passer le potiron sous l'eau, enlever écorce et pépins, et couper la pulpe en petits dés que l'on met à cuire 15 mn (niveau d'eau 3) dans le panier à vapeur. Récupérer le jus de cuisson dans un bol.

[**Pour les 4 à 8 mois :** Transvaser les dés cuits dans le mixeur. Y verser le lait. Mixer jusqu'à obtenir un parfait velouté (3 impulsions), en ajoutant, si besoin, un peu du jus de cuisson entre chaque impulsion, pour obtenir une consistance assez liquide pour être bue au biberon.

[**Pour les 8 à 12 mois :** Avant de mixer, ajouter au lait le jaune d'œuf et une noisette de beurre. Puis procéder comme ci-dessus.

[**Pour les plus de 1 an :** Assaisonner le velouté avec un peu de sel (et très peu de poivre vers 2-3 ans), le verser dans une assiette, puis dessiner dessus une fine spirale d'huile d'olive…

Le conseil du Papa-chef :
Si, pour les grands, vous préférez une purée de cresson, mixez avec le moins d'eau possible ; puis mélangez à la dernière minute avec la cuillerée de crème fraîche et le beurre.

6 mois et +

Velouté de cresson...

[**15** mn

Les ustensiles utiles

Bassine
Petit couteau pointu
Économe
Planche à découper
« Chinois »

Les courses pour 1 bébé de 6 mois...

[au marché

1/2 botte de cresson d'Ile de France
1/2 pomme de terre (BF15)

[en épicerie

1 cuillère à soupe de vinaigre (pour laver le cresson)
1 cuillère à soupe de lait de suite

... et pour 1 enfant de 1 an

[supprimer le lait

[ajouter

1/4 d'oignon blanc
et pour la purée (éventuellement) :
1 cuillère à soupe de crème fraîche épaisse
1 noisette de beurre

La bonne manière

Pour les petits de 6 à 12 mois

[Dans une bassine d'eau vinaigrée, faire tremper le cresson la tête en bas, avant de le rincer plusieurs fois sous l'eau courante, en le secouant entre-temps. Couper les têtes au couteau, en leur laissant un peu de tige (2 cm). Passer la pomme de terre sous l'eau, l'éplucher à l'économe, la laver et en couper la moitié en morceaux. Mettre le tout à cuire 10 mn (niveau d'eau 2) dans le panier à vapeur. Jeter le jus de cuisson.

[Transvaser les légumes cuits dans le mixeur. Donner 3 impulsions, en ajoutant le lait avant la 2ème, puis, avant la 3ème, un peu d'eau faiblement minéralisée si l'on désire une consistance à boire au biberon.

Pour les grands de plus de 1 an

[Éplucher aussi l'oignon et en émincer finement un quart que l'on ajoute au panier à vapeur.

[Quand les légumes cuits sont dans le mixeur, donner 3 impulsions, en ajoutant un peu d'eau faiblement minéralisée (mais pas de lait) entre chaque impulsion, pour obtenir un velouté, que l'on passera au « chinois » afin qu'il soit bien lisse...

Les bons points de ces recettes

Le cresson !… à la condition impérative de ne consommer que la production, très contrôlée, des cressonnières alimentées en eau de source. C'est l'un des légumes les plus riches en minéraux (calcium surtout) et en vitamines (B9 ou acide folique, carotènes).

Et puis la rougette. Petite laitue teintée de rouge, croquante et sucrée ; riche en eau, et dotée d'un bel éventail de micro-nutriments…

25

Dès **4** mois

… et Lait de rougette

[**C'est une transposition, pour les tout-petits** mais qui restera longtemps au menu, du cresson à une salade tendre : une « rougette », ou une mini-laitue verte.

[Éliminez les grandes feuilles et le trognon pour ne garder que le cœur de la salade. Lavez-le et coupez-le en morceaux, de même qu'une petite pomme de terre Agria ou Charlotte. Cuisez-les 10 mn à la vapeur (niveau d'eau 2). Jetez le jus de cuisson.

[Transvasez les légumes dans le mixeur. Versez 5 cuillères à soupe de lait de suite pour les moins de 12 mois ; de lait de croissance pour les plus grands (ou 1 cuillère à soupe de crème fraîche) avec une branche de cerfeuil, rincée et « ciselée » aux ciseaux.

[Mixez : 2 à 3 impulsions selon la consistance voulue, qui doit être légère, et assez liquide pour être bue au biberon, si désiré.

Maman sert *le velouté de cresson avec un filet de merlan cuit 5 mn à la vapeur (niveau d'eau 1).*

Le conseil du Papa-chef :
Pour les très-grands (1 an), accentuez la saveur méditerranéenne de ce plat : confectionnez une petite bourse en toile ; glissez-y 3 ou 4 graines de coriandre, du thym et 1 feuille de laurier (pas plus) ; ficelez-la et glissez-la dans le panier avant la cuisson.

6 mois et +

Courgette écrasée à la fourchette

[**15** mn

Les ustensiles utiles

Planche à découper
Petit couteau pointu
Ciseaux
Fourchette

Et pour les plus de1 an :
Un petit morceau de tissu (étamine, lin, jute)
15 cm de ficelle de cuisine

Les bons points de cette recette

Bel éventail de vitamines, bonne gamme de minéraux ! Dans la courgette (dont les vertus ont été reconnues fort tard), très digeste, peu calorique, la fibre tendre, bien supportée dès 4 mois. Dans le persil, source de calcium. Et dans la pomme de terre, qui lie aussi le tout avec son amidon.

Les courses pour 1 bébé de 6 à 12 mois...

[**au marché** 1 petite courgette
1 petite pomme de terre Charlotte
1 branche de persil plat

[**en épicerie** 1 cuillère à soupe de lait de suite (jusqu'à 8 mois)
... ou 1 mince filet d'huile d'olive ensuite

[**chez le charcutier** 1 fine tranche de jambon blanc maigre (épaule) à partir de 8 mois

... et pour 1 enfant de 1 an

[**au marché, ajouter** 1 seconde courgette, calibrée
1 feuille de laurier
3 ou 4 feuilles de thym
3 ou 4 graines de coriandre

La bonne manière

[Couper les bouts de la courgette. Bien la laver sous l'eau courante, car on lui laisse sa peau pour donner de la couleur au plat. La couper en 4 dans sa longueur. Enlever les pépins éventuels au couteau. Découper les quarts en morceaux. Passer la pomme de terre sous l'eau, l'éplucher à l'économe, la laver, la couper en morceaux. Mettre les légumes dans le panier, à cuire 10 mn (niveau d'eau 2), pas plus, pour garder verte la peau de la courgette. Pendant ce temps, laver le persil, l'essorer, l'effeuiller, et « ciseler » menu ses feuilles aux ciseaux. Jeter le jus de cuisson.

[**Pour les 6-8 mois :** Transvaser les légumes dans le mixeur avec le persil. Donner 2 ou 3 impulsions selon la consistance voulue, en ajoutant un peu de lait entre chaque impulsion...

[**A partir de 8 mois :** Plus de mixeur ! Ni de lait. On éparpille dans l'assiette le persil cru, la courgette et la pomme de terre cuites. On les écrase à la fourchette, avant de verser dessus un fin filet d'huile d'olive... À accompagner de jambon blanc maigre (de l'épaule, plus tendre), coupé presque en chiffonnade par votre charcutier...

La pasta del Papa-chef :
Pour accompagner des pâtes, je mixe 30 g de cabécou (chèvre semi-frais), avec 4 cuillères à soupe de fondue de tomate (1 impulsion). J'ajoute 1 feuille de basilic avant 1 seconde impulsion… Menu délicieux, diététique et équilibré.

6-8 mois et +

Fondue de tomate « à notre façon »

Les ustensiles utiles

Petit saladier
Petite casserole
Planche à découper
Petit couteau pointu
Couteau à dents
Écumoire
Papier cellophane

[**15** mn

Les courses pour 1 bébé de 6 mois

[**au marché** 1 tomate « Morphe »
2 feuilles de basilic (et 4 à 1 an)
plus, pour les plus de 1 an : 1/4 d'oignon nouveau
1/2 gousse d'ail nouveau de Toulouse
… et 1 tomate « Cœur de bœuf » les jours de fête

[**en épicerie** 1 fin filet huile d'olive
1 pointe de cuillère de concentré de tomate
(1 petite cuillère à 1 an)
… et quelques glaçons (pour peler la tomate)
plus, pour les plus de 1 an : 1 mini-pincée de sel
quelques grains de fleur de sel
1/4 de tour du moulin à poivre blanc

Les bons points de cette recette

La tomate au goût de soleil : une reine de l'été, légère, désaltérante, opulente en vitamines (C surtout), minéraux et oligo-éléments. Cuite, bien mûre, sans peau ni pépins (irritants), elle convient dès 4 mois en potage puis en fondue ; crue, bien ferme, toujours sans peau, elle est réservée aux plus de 1 an.

La bonne manière

[Remplir le saladier d'eau froide (avec des glaçons), et faire bouillir de l'eau dans la casserole. Laver le basilic sous l'eau courante, l'effeuiller, et « concasser » les feuilles à la main.

[**Puis, pour les 6-12 mois :** Enlever au couteau le pédoncule de la tomate, et la « monder » (on la plonge 20 secondes dans l'eau bouillante, puis dans l'eau froide, on l'égoutte, on la pèle – et c'est un jeu d'enfant !). La couper en deux, enlever ses pépins (avec les doigts, c'est plus facile), et la placer dans le panier à vapeur. Cuire 10 mn (niveau d'eau 2). Jeter le jus de cuisson et la transvaser dans le mixeur. Ajouter le concentré de tomate pour relever la couleur. Donner 1 impulsion. Ajouter le basilic, donner la seconde impulsion : on obtient une farce à consistance un peu granuleuse. Disposer dans l'assiette, verser un filet d'huile d'olive… et donner la becquée.

[**Pour les plus de 1 an…** Enlever la première peau de l'oignon, en couper 1/4 à « émincer » fin avec la 1/2 gousse d'ail, pour les ajouter au panier à vapeur. Garder tout le basilic pour en parsemer la fondue dans l'assiette, puis refroidir l'assiette quelques minutes au réfrigérateur, sous papier cellophane, avant de saler léger.

[**… et en appétissante déclinaison « Tomate sur tomate » les jours de fête :** On étend cette fondue en couche mince sur les tranches très fines d'une tomate « Cœur de bœuf » fruitée et juteuse (« mondée », pelée). Des tranches coupées au couteau à dents, parsemées de quelques grains de fleur de sel et d'un soupçon de poivre blanc.

L'avis de Maman :

Hors saison, des fonds d'artichaut surgelés conviennent presque aussi bien...

4 mois et +

Ainsi fond, fond, fond...

28

Les ustensiles utiles

Planche à découper
Petit couteau pointu
Cuillère à café

[**20** mn (+ **5** mn éventuellement)

Les courses pour 1 bébé de 4 mois...

1 artichaut « Camus » de Bretagne
1 cuillère à soupe de lait de suite

... et pour un bébé de 8 mois

1 artichaut « Camus » de Bretagne
et 1 filet d'huile d'olive
au lieu du lait de suite

Les courses pour 1 enfant de 1 an
(voir page 29)

[**au marché** 2 artichauts « Camus » de Bretagne
1/4 citron
15 g de farine

[**en épicerie** 1 filet d'huile de noix

Les bons points de cette recette

L'artichaut sous des formes évolutives : en velouté au biberon ; en purée pour les sans-quenottes, présentée dans un fond lorsque l'appétit vient en grandissant et avec les feuilles autour, en décor ludique...

Richissime en minéraux, reminéralisant, l'artichaut contient aussi un sucre particulier, l'inuline, qui aide à l'assimilation des minéraux, à l'équilibre de la flore intestinale... et qui lui donne cette saveur douce, appréciée dès le plus jeune âge.

La bonne manière

[**Pour les tout-petits de 4 mois à 8 mois :** Laver l'artichaut sous l'eau courante, en le secouant énergiquement la tête en bas, pour éliminer toute impureté. Retirer les premières feuilles et casser la tige à la main (au lieu de la couper) pour entraîner la totalité de ses fibres dures. Couper l'artichaut cru à ras du fond, enlever le foin à la petite cuillère, et couper le fond en gros morceaux. Mettre les morceaux à cuire 15 mn (niveau d'eau 3) dans le panier à vapeur. Jeter le jus de cuisson. Transvaser le contenu du panier dans le mixeur. Mixer : 3 impulsions, en ajoutant du lait entre chaque impulsion, pour un velouté très lisse que l'on peut servir au biberon ; 2 impulsions, avec un peu de lait ou d'eau faiblement minéralisée, pour une purée à la cuillère ; 1 impulsion seulement pour une purée de grand (avec des petits morceaux).

[**Pour les petits de 8 à 12 mois :** On mixe avec 1 seule impulsion, sans lait ni eau. Et on termine la présentation de la purée par une fine spirale d'huile d'olive, qui fait ouvrir grand le bec...

La recette du Papa-chef pour les plus de 1 an

Artichaut feuille à feuille

[**Les jours de fête, je complète la recette** en faisant cuire un second artichaut entier (lavé et la tige cassée à la main) dans un « blanc » bouillant : je fais chauffer de l'eau dans une casserole avec 15 g de farine et le jus d'1/4 de citron, et j'y place l'artichaut à ébullition, pour 20 mn de cuisson. Pendant ce temps, je prépare la purée du premier artichaut au BabyCook. Quand l'artichaut est cuit dans son blanc, j'enlève toutes les feuilles autour du fond (j'ai dit : autour !). Je coupe l'artichaut à ras du fond, je récupère les tendres feuilles du cœur, et j'enlève le foin à la petite cuillère.

[**Je remplis ce fond avec la purée d'artichaut,** je dispose autour une dizaine de mes feuilles tendres, et je fais couler un fin filet d'huile de noix sur l'ensemble... Le cercle de famille applaudit, Alphonse aussi !

Légumes verts et fines herbes du jardin, légumes du soleil, marché d'hiver... la récolte du Papa-chef "ratisse large" ! Et ses recettes mettent en valeur chaque goût l'un après l'autre permettant ainsi aux « jeunes pousses » de les découvrir pour les identifier et mieux les reconnaître (peut-être même dans les cocottes de saison, mises en purées), de les déguster pour les apprécier et mieux les aimer.

Parce que les légumes frais sont si fertiles en vitamines, minéraux et oligo-éléments qu'ils sont les premiers, avec les fruits, à entrer dans les menus du bébé après le lait : dès 4 mois, pour la plupart. Et qu'ils doivent y rester tout au long de son petit bonhomme de chemin.

Parce que l'organisme ne sait fabriquer ni les vitamines, ni les minéraux ni les oligo-éléments. Il doit donc en recevoir chaque jour une moisson, aussi équilibrée que possible, dans son alimentation. Et l'équilibre, ici, naît de la variété. De la fraîcheur des produits, aussi. Et de la légèreté de leur cuisson. Car une bonne part des vitamines (C et B9 en particulier) s'évanouit dans la nature dans les 24 heures après la cueillette. Et une autre se dissout dans l'eau, ou le jus de cuisson... qu'il n'est plus toujours conseillé de consommer, à cause du risque d'une trop grande teneur en nitrates : pour les carottes, si elles ne sont pas « bios » ou du jardin ; pour les épinards surtout...

Les légumes frais sont donc à choisir très frais, tout jeunes (fibres tendres), mais fermes et bien colorés (ou alors surgelés) ; portant le label « certifié AB, agriculture biologique » si possible. À laver avec soin (risque de pesticide oblige), mais sans les laisser tremper. Et à consommer dès que possible.

Les légumes dits verts (mais qui peuvent être rouge tomate !) ont en commun leur teneur en eau, et en fibres, douces dans l'asperge, le poireau, etc. ; efficaces dans les épinards... Plus leur profusion de sels minéraux (potassium et magnésium qui renforcent l'action du calcium), d'oligo-éléments (fer, cuivre...) et de vitamines (fragiles !), dont les carotènes, en particulier dans les légumes couleur soleil - poivron, potiron... Et pas de protéines, ou si peu. Pas de lipides, ni de calories, sauf l'avocat ! Peu de glucides, sinon dans l'artichaut, la betterave, les petits pois, le salsifis...

Les fines herbes (persil, cerfeuil, basilic, estragon, ciboulette) ajoutent une source fraîche de calcium et de vitamine K.

Les aromates (thym et serpolet, laurier, romarin, sarriette et sauge...) et **les épices douces** (noix de muscade, clou de girofle, curry...) sont utilisés en quantité de moineau, pour relever, ou révéler, le goût d'un plat.

L'ail et l'oignon sont précieux en cuisine comme en nutrition, par la richesse de leur goût et le bouquet de leurs nutriments.

En marché d'hiver, les légumes secs apportent leurs protéines végétales, et des glucides en une densité comparable à celle des pâtes et du riz. Vitamines B, sels minéraux et fibres, aussi.

Quant à la pomme de terre, c'est un potager à elle seule...

31

Récolte du potager

L'avis de Maman :

Aux « graines de gourmets », servez la purée avec un œuf brouillé sur lequel vous coupez une feuille de coriandre (au dernier moment)… et guettez leur réaction !

32

Récolte du potager

6 mois et +

Purée de petits pois et leur cosse

Printemps

[**20** mn

Les ustensiles utiles

Planche à découper
Petit couteau pointu
Bol
« Chinois »

Les courses pour 1 bébé de 6 mois…

10 cosses de petits pois du "jardin"
1 cuillère à soupe de lait de suite

… et pour 1 enfant de 1 an

[**au marché** 15 cosses de petits pois du "jardin"
1/2 oignon nouveau

[**en épicerie** 1 noisette de beurre demi-sel
1 petit croûton de pain (ou 2)

Les bons points de cette recette

Ces petits pois tendres et sucrés que l'on aime si tôt et si vite… avec bonheur, car ils sont riches en glucides (énergie), en protéines (construction de l'organisme) et en fibres (transit alimentaire). Frais (bios) ou surgelés, ils peuvent être donnés en soupe dès 4 mois, en purée dès 6-8 mois. Mais pas de pois entiers avant 3 ans, pour éviter tout risque de « fausse-route » !

La bonne manière

[**Pour les petits de 6 à 12 mois :** Laver les cosses. En écosser la moitié, laisser les autres telles quelles. Placer ensemble les pois en cosse et les pois écossés dans le panier à vapeur. Laisser cuire 15 mn (niveau d'eau 3). Récupérer le jus de cuisson dans un bol. Transvaser les pois cuits dans le mixeur. Mixer pour obtenir une consistance lisse (2 impulsions), en ajoutant le lait entre les deux.

[**Pour les grands de 1 an et plus :** Préparer les pois comme ci-dessus - en mettant 3 ou 4 grains crus de côté si on a le temps d'élaborer un décor… Éplucher l'oignon, le couper en deux, et émincer la moitié que l'on ajoute dans le panier à vapeur. Les légumes cuits, récupérer le jus de cuisson dans un bol, et les transvaser dans le mixeur. Donner 2 impulsions pour obtenir une consistance lisse, en ajoutant un peu de jus de cuisson entre les deux. Si l'on veut affiner cette purée en un velouté, mixer une 3ème fois, et rajouter du jus de cuisson jusqu'à une consistance fluide et homogène. Passer au « chinois » pour que le velouté soit bien lisse, et le mettre 10 mn au réfrigérateur pour lui garder sa jolie couleur verte…

Le conseil
du Papa-chef :

En décor de la purée pour les grands, taillez 1 croûton fin en biseau dans du pain rassis passé au grille-pain, et beurrez-le avec du demi-sel. Épluchez 3 ou 4 pois gardés crus, puis coupez-les en 4 (si, si !). Parsemez-en le croûton, et placez ces « petits bateaux » sur le bord de l'assiette.

Pour les jours de marché

12 mois et +

Velouté de printemps

[**Vous composez ce velouté - bonne santé** en ajoutant à 50 g de petits pois frais écossés, le même poids de carotte fane nouvelle, de haricots verts frais extra-fins, et de fèves de Nice. Passez le tout sous l'eau, écossez les pois et les fèves (en enlevant aussi leur première peau, voir la purée de févettes), « équeutez » les haricots verts, épluchez la carotte et taillez-la en fines rondelles.

[Faites cuire 15 mn (niveau d'eau 3) à la vapeur, jetez le jus de cuisson, transvasez les légumes dans le mixeur. Donnez 3 impulsions, en ajoutant chaque fois un peu d'eau faiblement minéralisée, pour obtenir un velouté fluide. Goûtez, assaisonnez avec un peu de sel (et, plus tard, un tout petit peu de poivre blanc).

[Versez dans l'assiette, et posez au milieu une noisette de beurre, qui va fondre dans son auréole...

L'avis du Papa-chef :
Les grands jours, je couronne l'assiette de 3 ou 4 petites têtes de brocoli cuites « à l'anglaise » (plongées 20 secondes dans de l'eau salée bouillante), tendres à croquer…

Récolte du potager
Légumes de mon jardin
Printemps - Été

6 mois et +

Bouillon de brocoli

[**10** à **15** mn

Les ustensiles utiles

Planche à découper
Petit couteau pointu
Fouet
Bol

Les courses pour 1 bébé de 6 mois…

1/2 brocoli
1 petite pomme de terre Charlotte
1 cuillère à soupe de lait de suite

… et pour 1 enfant de 1 an

[**au marché** 1/2 brocoli
1/2 oignon nouveau
3 ou 4 feuilles d'épinards en branches

[**en épicerie** 1 léger filet d'huile d'olive
1 cuillère à soupe de crème fraîche liquide
1 pincée de sel (pour les plus grands)

Les bons points de cette recette

Le brocoli, roi de la vitamine C ! Bien doté en provitamines A aussi. Léger, digeste, et recommandé dès l'âge de 4 mois. En union, pour les petits, avec la pomme de terre, bon complément par les sucres lents qu'elle fournit. En mariage réussi, pour les plus grands, avec les épinards, qui apportent leur lot de qualités : vitamines A, B9 et K, calcium et fibres (efficaces !). Tout en relevant la couleur du bouillon…

La bonne manière

[**Pour les 6-12 mois :** Laver le demi-brocoli sous l'eau courante. Couper 2 ou 3 beaux bouquets avec 2 cm de tige, que l'on met à cuire 5 mn dans le panier à vapeur (niveau d'eau 1). Jeter le jus de cuisson. Transvaser les bouquets dans le mixeur pour 1 impulsion. Ajouter le lait. Donner 1 seconde impulsion. Ce bouillon se mange à la petite cuillère. Pour le donner au biberon, on le « détend » avec un peu d'eau faiblement minéralisée, et on le mixe une fois de plus.

[**Pour les plus de 1 an :** Préparer 3 ou 4 bouquets de brocoli comme ci-dessus. Enlever la première peau de l'oignon, et « émincer » la moitié que l'on utilise. Mettre à cuire 5 mn dans le panier à vapeur (niveau d'eau 1). Pendant ce temps, brasser les feuilles d'épinards dans plusieurs eaux et enlever leurs tiges à la main. Jeter le jus de cuisson. Transvaser le contenu du panier dans le mixeur. Ajouter les épinards et un léger filet d'huile d'olive. Donner 1 impulsion. Ajouter un peu d'eau faiblement minéralisée, et donner 1 seconde impulsion pour obtenir un velouté fondant. Battre légèrement la crème au fouet dans un bol. Verser le velouté dans l'assiette, poser un « nuage » de crème montée au centre, et juger de l'effet…

6 mois et +

Purée de haricots verts au serpolet

[**15** mn

Les ustensiles utiles

Planche à découper
Économe
Petit couteau pointu
Bol

Les bons points de cette recette

La générosité du haricot vert en minéraux (potassium, magnésium, calcium, soufre, fer…), vitamines (C, A, et B9 ou acide folique…), et fibres tendres. Qui va de pair avec sa légèreté pour le système digestif, même tout jeune.

Et l'arôme du serpolet… où gambadaient les lapins de la garrigue, autour du Moulin de Daudet !

Le conseil du Papa-chef :

Dans les menus des « grands », la purée de haricots verts accompagne bien jambon, volaille et poisson. Seule ou en duo avec une autre purée pour ajouter couleur et saveur.

Les courses pour 1 bébé de 6 mois…

[**au marché** 40 g de haricots verts extra-fins
1/2 pomme de terre BF 15
1 petite brindille de serpolet

… et pour un enfant de 1 an

[**au marché** 80 g de haricots verts extra-fins
1/4 d'oignon nouveau
1/2 pomme de terre BF 15
1 brindille de serpolet

[**en épicerie** 1 léger filet d'huile d'olive

La bonne manière

Pour les petits de 6 à 12 mois

[Laver les haricots verts et les « équeuter ». Passer la pomme de terre sous l'eau, l'éplucher à l'économe, puis la laver avant d'en couper la moitié en morceaux. Laver le serpolet.Placer le tout dans le panier à vapeur, et cuire 10 mn (niveau d'eau 2).

[Récupérer le jus de cuisson dans un bol. Transvaser le contenu du panier dans le mixeur. Donner 2 impulsions en versant un peu de jus de cuisson entre les deux, afin d'obtenir la consistance désirée…

Pour les grands de 1 an et plus

[Avant la cuisson, on ajoute aux légumes le quart d'oignon nouveau qui aura été déshabillé de sa première peau, puis « émincé » finement.

[Avant le mixage, on verse un léger filet d'huile d'olive dans le mixeur. On renforce ainsi le goût de la purée de haricots verts, en complément du parfum du serpolet…

L'avis du Papa-chef :
Je réserve 2 pointes d'asperges que je râpe à cru, avec la « mandoline », en décor sur le velouté avant de le servir. Cela permet au bébé de découvrir la saveur de l'asperge sous deux aspects, le cuit et le cru, en chaud et froid.

Récolte du potager
Légumes de mon jardin
Printemps-Été

10 mois et +

Asperges vertes en fin velouté

[**20** mn

Les ustensiles utiles

Planche à découper
Petit couteau pointu
« Mandoline »
« Chinois »
Bol

Les courses pour 1 enfant de 1 an

[**au marché** 1 douzaine de petites asperges vertes, dites « asperges balais »
1/2 oignon nouveau
3 feuilles d'épinards en branches

[**en épicerie** 1 mini-pincée de sel
1 léger filet d'huile d'olive
... et quelques glaçons

La bonne manière

[Enlever à la main les tiges des épinards ; laver leurs feuilles en les brassant dans plusieurs eaux fraîches, et les mettre en attente. Enlever la première enveloppe de l'oignon, le couper en deux, « émincer » fin la moitié que l'on va utiliser, et la mettre en attente. Laver délicatement, une par une, les asperges de la botte ; couper et jeter leur base (2 cm) terreuse et trop dure. Enlever au couteau les follioles. « Émincer » les asperges au couteau. Les mettre avec le demi-oignon à cuire 15 mn dans le panier à vapeur (niveau d'eau 3). Verser le jus de cuisson dans un bol.

[Transvaser dans le mixeur les asperges, plus les feuilles d'épinards crues.

[Mixer, en ajoutant un peu de jus de cuisson entre chaque impulsion selon le résultat désiré : 1 impulsion pour une purée avec quelques morceaux, 2 pour une consistance plus homogène, 3 pour un velouté, qui sera parfait si on le passe au « chinois », goûter, saler si besoin.

[Dresser dans l'assiette, et décorer d'un léger filet d'huile d'olive.

Mamie trouve délicieuse la fraîcheur de cette recette *quand on la déguste froide les soirs d'été.*

Les bons points de cette recette

Un velouté très doux, simple et de saveur délicate, dont les épinards viennent relever la couleur et le goût.

Une recette fraîcheur, qui exige des légumes du jour - de la mi-février à la fin juin, pour les asperges d'Ile-de-France, du Val-de-Loire, du Midi.

Une recette très diététique, aussi : l'asperge est plus que ce délice apprécié depuis les Egyptiens, exigé par Louis XIV. C'est un trésor de vitamines et de minéraux ; de vitamines B et de potassium, surtout. Elle a la fibre douce et généreuse, qui facilite le transit alimentaire ; et l'action diurétique que chacun connaît.

Maman a dit :

Quand Alphonse était petit, je ne rajoutais pas les épinards crus, et à la place du jus de cuisson, j'ajoutais du lait de suite pour qu'il puisse boire ce velouté au biberon.

Le conseil du Papa-chef :

Pour un Potage Parmentier, ajoutez le blanc d'un jeune poireau (20 g) à la cuisson, puis mixez avec du jus de cuisson et une noix de beurre (mais sans persil ni lait). Pour une Crème Vichyssoise, ajoutez au Parmentier le persil frais avant de mixer, et servez froid...

38

Récolte du potager
Légumes de mon jardin
Toutes saisons

6 mois et +

Pomme de terre écrasée montée à l'huile...

[**20** mn

Les ustensiles utiles

Économe
Petit couteau pointu
Fourchette, éventuellement

Les courses pour 1 bébé de 6 mois...

[au marché
1 grosse pomme de terre Agria ou Charlotte
3 branches de persil plat

[en épicerie
2 cuillères à soupe de lait de suite
1 noisette de beurre

... et pour 1 enfant de 1 an

1 seconde pomme de terre Agria ou Charlotte

1 cuillère à soupe d'huile d'olive
(au lieu du lait de suite et du beurre)
1 mini-pincée de sel (pour les grands)

Les bons points de cette recette

La malle aux trésors qu'est la pomme de terre ! Sa richesse en glucides, loin devant les autres légumes ; sa gamme de minéraux et d'oligo-éléments ; et sa teneur en vitamine C, mais oui !

Les vertus discrètes du persil : calcium et vitamines (K, C, et carotènes). Les ressources de l'huile d'olive en acides gras essentiels. Plus ce basique qu'est le poireau : minéraux et carotènes, fibres douces et action diurétique.

La bonne manière

[**Pour les bébés de 6 à 12 mois :** Passer sous l'eau la pomme de terre, l'éplucher à l'économe, la laver puis la couper en gros dés, que l'on met à cuire 15 mn dans le panier à vapeur (niveau d'eau 3). Pendant ce temps, passer le persil sous l'eau, l'essorer et l'effeuiller. Jeter le jus de cuisson. Transvaser la pomme de terre dans le mixeur, donner 1 impulsion. Ajouter les feuilles de persil, le lait, le beurre, et donner 1 seconde impulsion, pour une purée maison.

[**Pour les grands de 1 an et plus :** Préparer, cuire les pommes de terre, et jeter le jus de cuisson comme ci-dessus. Préparer le persil de même, puis « concasser » ses feuilles à la main. Ensuite, c'est à la fourchette que l'on écrase la pomme de terre dans une assiette, en y ajoutant l'huile d'olive et le persil. Goûter, assaisonner léger, si besoin. Et soumettre au jugement du jeune gastronome.

Le conseil
du Papa-chef :

Si vous ajoutez moins de jus de cuisson et de lait de croissance, vous obtenez une purée de chou-fleur d'une consistance que vous adaptez au goût de votre convive.

Récolte du potager
Légumes de mon jardin
Automne

12 mois et +

Chou-fleur dans tous ses états

[**20** mn

Les ustensiles utiles

Bassine
Petit couteau pointu
2 petites casseroles
Écumoire
Bol
Cuillère à soupe

Les courses pour 1 enfant de 1 an

[**au marché** 1 chou-fleur de Bretagne

[**en épicerie** 3 ou 4 cuillères à soupe de lait de croissance (ou de lait de suite pour les plus jeunes)
1 pointe de couteau de curry (facultatif)
quelques gouttes de vinaigre blanc

Les bons points de cette recette

Le jeu de découverte du chou-fleur sous sa forme cuite et (presque) crue. Un légume qui mérite d'être aimé, pour sa concentration en vitamine C et en micronutriments protecteurs, plus sa densité de fibres douces... Aimé, il l'est, mais surtout pour sa délicatesse, et surtout en France.

La bonne manière

[Laver le chou-fleur en le brassant sous l'eau, et en le laissant tremper ensuite quelques minutes dans de l'eau vinaigrée. Couper les « grosses » têtes en deux pour ne laisser que 2 cm de départ de tige. Placer dans le panier à vapeur 3 ou 4 de ces têtes, pour les cuire 15 mn (niveau d'eau 3).

[Pendant ce temps, faire bouillir de l'eau dans une casserole, pour y plonger 30 secondes, « à l'anglaise », 3 ou 4 toutes petites têtes, puis les en sortir à l'écumoire. Mettre à chauffer, dans la seconde casserole, 3 ou 4 cuillères à soupe de lait selon la consistance désirée pour le velouté.

[**La cuisson à la vapeur terminée,** récupérer le jus dans un bol. Transvaser les bouquets de chou-fleur cuits dans le mixeur. Ajouter une minuscule pointe de curry. Mixer (1 impulsion). Incorporer 2 cuillères à soupe de jus de cuisson dans le lait chaud. Verser dans le mixeur. Donner 1 seconde impulsion.

[**Verser le velouté couleur crème** dans une assiette creuse, poser dessus les petites têtes croquantes bien blanches.

[Et admirer en chœur la subtilité du dégradé !

Le conseil
du Papa-chef :
Les soirs d'été, je sers aux amis le même gaspacho au pistou, accompagné de grassini que j'ai enroulés dans de fines tranches de jambon fumé...

Récolte du potager
Légumes du Midi
Printemps-Été

8 mois et +

Gaspacho andalou...

[**20** mn

Les ustensiles utiles

Planche à découper
Petit couteau pointu
Économe
Balance
« Chinois »

Les courses pour 1 enfant de 1 an

[**au marché**
1/4 de petit concombre
1 grosse tomate « Morphe »
1/4 d'oignon blanc
10 g de poivron rouge
3 branches de basilic
1 côte de céleri
1 gousse d'ail nouveau

[**en épicerie**
1 cuillère à café de concentré de tomate
1 filet de vinaigre de Xérès
et... 2 cuillères à soupe de glace pilée

Les bons points de cette recette

Une recette fraîche et désaltérante (abondante en eau), d'une belle densité nutritionnelle pourtant, car les concombre, tomate et poivron sont de bonnes sources de minéraux, d'oligo-éléments et de vitamines (C et A, en particulier)... Une recette légère et fine en saveurs, aussi, relevée par le goût du céleri et le parfum du vinaigre de Xérès (dû aux fûts de chêne où il a vieilli des années durant)...

La bonne manière

[**Effeuiller les branches de basilic.** Passer sous l'eau courante les feuilles de basilic, le concombre, la tomate, le céleri et le poivron. Éplucher le concombre et le couper en quatre. Enlever le pédoncule de la tomate, puis les fils de la côte de céleri (de la base vers le haut). Couper le poivron en deux, l'évider de ses graines, découper la tranche de 10 g que l'on va utiliser. Couper en morceaux les feuilles de basilic, le 1/4 de concombre, la tomate, la côte de céleri et la tranche de poivron. Éplucher l'oignon. En couper 1/4 en fins morceaux, ainsi que la gousse d'ail. Placer le tout (en quantités prévues) dans le mixeur. Ajouter le concentré de tomate, pour la couleur ; et la glace pilée, pour la fraîcheur. Bien mixer (3 impulsions) pour obtenir une consistance homogène.

[**S'il reste des petits grumeaux tenaces,** on peut les éliminer en passant le gaspacho au « chinois ». Ajouter une pointe de vinaigre de Xérès pour enlever toute acidité et relever légèrement le gaspacho.

[**Servir frais,** bien sûr, dans un verre ou une coupelle transparente... avec une lichette de pistou dessus, les jours de fête.

Pour les jours de fête

... au pistou

[**C'est tout simple, délicieux, parfumé, et fait en 5 mn !** Effeuillez 3 branches de basilic et lavez les feuilles sous l'eau courante. Placez-les avec 10 g de parmesan Regiano, 1 cuillère à soupe de pignons de pin, et 1 mini-pincée de sel (pour garder le basilic bien vert) dans le mixeur. Donnez 3 impulsions en ajoutant un peu d'huile d'olive entre chaque impulsion (4 cuillères à soupe au total), pour lier les ingrédients entre eux.

[Voilà. Et pour accompagner des pâtes ? Rien à changer !

Le conseil
du Papa-chef :

Pour nos invités, en belle entrée d'été, j'ajoute des fraises de Plougastel aux billes de melon, et je les dispose sur la soupe, dans la coque posée sur un lit de glace.

Récolte du potager
Légumes du Midi
Printemps-Été

8 mois et +

Soupe et billes de melon

[5 mn

Les ustensiles utiles

Ciseaux
Petit couteau
Cuillère à café
Cuillère « à pomme parisienne »

Les courses pour 1 enfant de 1 an

[au marché 1 petit melon frais bien mûr, Philibon, ou de Cavaillon
2 feuilles de menthe fraîche

La bonne manière

[Passer sous l'eau courante le melon et le couper en deux ; enlever ses grains avec la cuillère. Passer sous un filet d'eau les feuilles de menthe et les ciseler aux ciseaux.

[Prendre la première moitié du melon, la couper en deux quarts, dont on ne va utiliser qu'un seul. On le pèle, puis on le coupe en petits morceaux que l'on place dans le mixeur. Donner 2 impulsions, en ajoutant un peu d'eau faiblement minéralisée entre les deux (environ 1 grande cuillère), pour obtenir une soupe légère. Dans la pulpe de la seconde moitié, creuser des petites billes avec la cuillère « à pomme parisienne ».

[Verser la soupe de melon dans cette seconde coque, ajouter les billes, puis la menthe.

[À servir « sur un plateau »...

Les bons points de cette recette

Rafraîchissante l'été, désaltérante avec son petit goût sucré, elle plaît dès le biberon. La menthe est précieuse pour la digestion (ou en cas de mal à la tête), et apporte ses vitamines (A et B). Le melon est tout bon contre les petites fatigues ; avec sa ribambelle de vitamines, dominées par la vitamine C, il rivalise avec le kiwi.

L'avis de Maman :

Sans la menthe, vous pouvez donner cette soupe de melon au biberon dès 6 mois, quand votre bébé a besoin d'être hydraté.

Le conseil
du Papa-chef :

Utilisez le reste des légumes pour les grandes personnes. La demi-aubergine dans une ratatouille, et les trois quartiers des poivrons ? En poivrons à l'huile.

Récolte du potager
Légumes du Midi
Printemps-Été

12 mois et +

Caviar d'aubergine

[**25** mn

Les ustensiles utiles

Ciseaux
Bol
Planche à découper
Petit couteau pointu

Les courses pour 1 enfant de 1 an

[**au marché** 1/2 petite aubergine
1/4 de poivron doux rouge
1/4 de poivron doux vert
3 ou 4 feuilles de basilic

[**en épicerie** 1 petite cuillère d'huile d'olive

Les bons points de cette recette

Un goût méditerranéen. Le parfum du basilic. La saveur de l'huile d'olive (source de vitamine E et d'acides gras essentiels). Les couleurs des légumes du soleil quand on les achète et les prépare : le violet luisant de l'aubergine, riche en fibres et en potassium ; le rouge et le vert brillants des poivrons, riches en vitamines A et C...

La bonne manière

[Laver les feuilles de basilic sous l'eau courante, les « ciseler » menu aux ciseaux, et les mettre en attente dans un bol. Laver les 2 poivrons, trancher les queues, enlever les pépins, les couper en quatre. Découper 1 des quarts rouges et 1 des quarts verts en « brunoise », très petits dés. Laver l'aubergine, couper ses extrémités et l'éplucher, puis la couper en deux. Découper en morceaux la pulpe de la 1/2 aubergine que l'on va utiliser. Mettre les dés de poivrons rouges et verts avec les morceaux d'aubergine dans le panier à vapeur pour les cuire 15 mn (niveau d'eau 3). Jeter le jus de cuisson.

[Transvaser les dés de poivrons et la pulpe d'aubergine dans le mixeur, donner 1 impulsion. Mélanger avec le basilic ciselé et l'huile d'olive.

[Puis servir le marmiton... qui a joué avec les légumes et suivi leurs aventures avec grand intérêt !

L'avis de Maman :

Vous pouvez aussi servir la mousse d'avocat façon « guacamole » pour des apéritifs de famille ou de copains, tartinée sur de petits carrés de pain de mie.

Récolte du potager
Légumes du Midi
Toutes saisons

15 mois pour l'avocat
2 ou **3** ans pour les crevettes

44

Mousse d'avocat « à notre façon »

[**10** mn

Les ustensiles utiles

Planche à découper
Petit couteau pointu
Ciseaux
Cuillère à café

Les courses pour 1 enfant de 15 mois

[**au marché** 1/2 avocat
1/2 citron
2 ou 3 feuilles de basilic, ou de coriandre

[**chez le poissonnier (ou en surgelé)**
pour les aînés (2-3 ans) : 2 ou 3 grosses crevettes roses de l'Atlantique (cuites)

[**en épicerie** 1 léger filet d'huile d'olive

La bonne manière

[Laver les feuilles de basilic (ou de coriandre) sous le jet d'eau. Les ciseler aux ciseaux. Couper le citron en deux. Pour éviter à la chair de l'avocat de noircir, ne pas laver le couteau, et passer aussi la petite cuillère sur la pulpe de citron.

[Avec le couteau, couper l'avocat en deux. Avec la cuillère, enlever la chair de la moitié que l'on va donner au bébé, et garder la carapace. Mettre la chair dans le mixeur. Ajouter 2 gouttes de citron (et 2 gouttes seulement !), un léger filet d'huile d'olive et les herbes.

[Mixer : 2 impulsions si l'on veut garder quelques morceaux d'avocat dans la mousse pour éveiller la curiosité de l'enfant, sinon 3 pour qu'elle soit homogène façon « guacamole ». En remuant avec la spatule entre chaque impulsion.

[**Pour les plus de 2 ans, on peut ajouter les crevettes roses** décortiquées et en petits morceaux (coupés à la main ou mixés avec 1 seule impulsion).

[On dispose le tout dans la carapace de l'avocat, avec une feuille de basilic (ou de coriandre) en décoration.

Le conseil du Papa-chef :

La coriandre affine la texture de l'avocat. Quand l'enfant grandit, augmentez la quantité de citron, et diminuez le nombre d'impulsions pour associer des morceaux d'avocat aux crevettes quand vous en ajouterez. Des crevettes bien fraîches (la carapace brillante et ferme, la queue recourbée)... ou alors surgelées.

Les bons points de cette recette

L'avocat développe un goût très fin, et c'est un précieux cocktail d'acides gras essentiels (pour le cerveau, le système nerveux, la rétine), et de vitamine E, protectrice de ces acides gras... Mais on attend que le système digestif puisse assimiler sa richesse en lipides : à 1 an passé.

Les crevettes sont une source de protéines et de sels minéraux très revitalisante. Mais, à cause des risques d'allergie, il est recommandé d'attendre un peu plus encore : les 2 ou 3 ans.

Mamie a dit :

Gardez donc la peau des pommes de terre grenailles : elle donne un petit goût en plus et surtout des vitamines.

8 mois et +

Purée de légumes de printemps...

[**25** mn

Les ustensiles utiles

Panche à découper
Économe
Ciseaux
Petit couteau pointu

Les courses pour 1 bébé de 8 mois

[**au marché**
4 cosses de petits pois frais
1 petite carotte « fane »
1 navet « fane »
1 oignon nouveau
1 mini-fenouil « fane »
1 artichaut violet de Provence
10 cosses de févettes du marché de Nice ou d'Aix
2 pommes de terre grenailles
4 branches de persil plat

[**en épicerie**
1 léger filet d'huile d'olive
1 noix de beurre (éventuellement)
quelques grains de fleur de sel
1/4 de tour de moulin à poivre blanc

La bonne manière

[**Passer les légumes sous l'eau avant de les éplucher l'un après l'autre,** oignon compris, puis les laver soigneusement. On va les laisser entiers quand ils sont petits, sinon les couper en 2 ou 3 tronçons. Les petits pois sont à écosser. Les févettes aussi, en fendant ensuite avec l'ongle la peau qui est sous leur cosse, et en la pinçant avec les doigts pour sortir les févettes (que l'on va couper en deux). L'artichaut se prépare en dernier. Couper la tige à 2 ou 3 cm des feuilles, et éplucher avec la pointe du couteau la partie que l'on garde. Sur l'artichaut lui-même, enlever à la main les premières feuilles de sa base, puis couper sa tête au tiers de sa hauteur. Placer tous les légumes (mais pas le persil) dans le panier à vapeur pour les cuire un bon 1/4 d'heure (niveau d'eau 3).

[Pendant ce temps, laver le persil, le « ciseler » aux ciseaux, et le garder en attente.

[**Tout est cuit ?** Verser le jus de cuisson dans un bol, et transvaser le contenu du panier dans le mixeur. Mixer, au moins 3 impulsions pour une purée uniforme, en ajoutant un peu de jus de cuisson entre chaque impulsion.

[**Disposer la Purée de printemps dans l'assiette.** Couler dessus un mince filet d'huile, parsemer de quelques grains de fleur de sel et du persil ciselé.

... et d'été

[**À votre Purée de printemps, vous ajoutez** 1 courgette fleur, 2 radis ronds rouges, 2 petites asperges vertes « fillettes », et 10 haricots verts extra-fins.

[**La fleur jaune de courgette, c'est pour faire joli** sur l'assiette à la fin. Détachez-la et découpez-la au couteau, par exemple en « crête de dragon », à tronçonner ensuite...

[Passez les légumes sous l'eau, épluchez-les ; « équeutez » les haricots verts ; coupez le bout terreux des asperges et ôtez leurs folioles ; enlevez au couteau les trognons de la courgette, coupez-la en deux dans le sens de la longueur.

[Ajoutez les aux légumes de la Purée de printemps pour la cuisson, le mixage, et la disposition dans l'assiette. Mais finissez votre décor avec vos découpages de la fleur !

Les bons points de cette recette

Une ronde de petits légumes nouveaux, tendres et frais, auxquels l'été ajoutera ses spécificités. À servir en purée multi-saveurs aux petits, en dés multi-couleurs dans une mini-cocotte pour les plus grands. En sachant qu'ils font ainsi provision d'une farandole de minéraux, et de ces vitamines si fragiles...

Le conseil du Papa-chef :

Aux 2-3 ans, servez les légumes tels qu'ils sont cuits, sans les mixer, pour mettre en valeur leurs formes, leurs goûts et leurs couleurs. Mieux : faites réduire le jus de cuisson dans une casserole, ajoutez une noix de beurre, et nappez-en les légumes pour les faire briller, dans une petite cocotte transparente... la « Cocotte d'été » !

Maman a dit :
Lorque je fais de la soupe au potiron, j'en garde un morceau pour la Purée d'automne ou d'hiver d'Alphonse.

Récolte du potager
Collection de purées de saison
Automne-Hiver

8 mois et +

Purée de légumes d'automne...

[**30** mn

Les ustensiles utiles

Saladier
Planche à découper
Petit couteau pointu
Économe
Cuillère à soupe
Bol

Les courses pour 1 bébé de 8 mois

[**au marché**
1 petite tranche de potiron (30 g une fois pelée)
1 branche de blette
1 petite châtaigne (surgelée !)
1/2 poire Martin sec
1/2 pomme Calville
1 pomme de terre Roseval
1 oignon nouveau
1/2 citron

[**en épicerie**
1 petit filet d'huile d'olive
1 noix de beurre
quelques grains de fleur de sel
1/4 de tour de moulin à poivre blanc

La bonne manière

[Préparer un saladier d'eau citronnée. Laver la blette et séparer le blanc du vert (à garder pour un prochain repas). Éplucher le blanc à l'économe, pour bien enlever tous les fils, avant de le plonger dans le saladier d'eau citronnée. Passer la pomme de terre sous l'eau, et l'éplucher à l'économe. Enlever l'écorce de la tranche de potiron, ses pépins et sa partie filandreuse. Enlever la première peau de l'oignon. Laver la pomme et la poire, les éplucher, les couper en deux, et les épépiner. Laver la châtaigne, inciser son écorce pour l'éplucher plus facilement, et la couper en deux. Couper légumes et fruits en morceaux (tout doit rentrer dans le panier à vapeur !) et mettre à cuire un bon 1/4 d'heure (niveau d'eau 3).

[Verser le jus de cuisson dans un bol. Transvaser le contenu du panier dans le mixeur. Donner 2 impulsions en ajoutant 2 cuillères à soupe de jus de cuisson pour obtenir une purée fluide ; ou 1 seule impulsion avec 1 seule cuillère de jus pour une purée solide.

[Disposer dans l'assiette. Ajouter une noix de beurre et un filet d'huile d'olive, mélanger, goûter. Si besoin est, assaisonner d'un peu de fleur de sel et de très peu de poivre blanc.

[**... Et faire souffler l'enfant sur sa Purée d'automne,** pour l'amener à une température tiède...

Le conseil
du Papa-chef :

Je garde le vert de blette pour confectionner un saumon façon brandade au déjeuner du lendemain. Je choisis des mini-fruits fermes : la poire Martin sec et la pomme Calville. Et, pour Alphonse, je cuis la Roseval avec sa peau...

... et d'hiver

[**À la Purée d'automne, vous ajoutez** 1 salsifis et 5 ou 6 grains de raisin, du chasselas noir.

[Vous lavez soigneusement le salsifis sous l'eau courante, pour le débarrasser de sa terre. Vous l'épluchez à l'économe, puis vous le coupez en bâtonnets de 4 à 5 cm de long, que vous plongez dans l'eau citronnée (avec la côte de blette) pour qu'il reste blanc, avant de le cuire avec les autres légumes et fruits.

[Vous lavez les grains de chasselas, vous leur laissez leur peau fine, pour les ajouter crus, dans l'assiette, sur la Purée d'hiver.

Les bons points de cette recette

Les saveurs de l'automne dans le verger et le potager. Auxquelles vont s'ajouter les goûts de l'hiver. Pour faire le marché, sentir et choisir, cuisiner et manger, au rythme des saisons... avec un petitou qui capte tout, yeux, narines et oreilles grands ouverts...

L'avis de Maman :

Moi, je remplace le jambon à l'os par du jambon de renne qu'on me rapporte de Scandinavie...

Récolte du potager

Marché d'hiver

Hiver

8-10 mois et +

50

Purée de céleri et dés de jambon à l'os

Le conseil
du Papa-chef :

La sauge relève bien le jambon, le lapin et le veau. Et quand Alphonse a grandi, je lui ai présenté du jambon d'Auvergne fumé à la place du jambon à l'os, pour un goût plus prononcé. Il a aimé.

Les bons points de cette recette

La correspondance entre les saveurs et les parfums qui se répondent : la sauge relève la douceur du jambon à l'os, le jambon à l'os adoucit la légère amertume du céleri...

Et un bon lot de protéines : protéines du jambon, protéines végétales des légumes, qui apportent aussi leurs minéraux, vitamines et fibres...

[25 mn

Les ustensiles utiles

Planche à découper
Petit couteau pointu
Économe

Les courses pour 1 enfant de 1 an

[au marché
1/4 de céleri-rave (80 g)
1 grande pomme de terre Charlotte ou Agria
1/2 carotte
1 petite poignée de haricots verts extra-fins
1 petite feuille de sauge

[chez le charcutier 1 tranche (40 g) de jambon à l'os

[en épicerie
1 cuillère à soupe de lait de croissance
(ou de lait de suite pour les 8-12 mois)
1 mince filet d'huile d'olive
1 mini-pincée de sel

La bonne manière

[Passer tous les légumes sous l'eau, avant « d'équeuter » les haricots verts, et d'éplucher à l'économe la pomme de terre, la carotte et le céleri-rave. Laver tous les légumes, puis les couper en morceaux de taille égale que l'on met dans le panier à vapeur pour les cuire 15 mn (niveau d'eau 3). Jeter le jus de cuisson. Transvaser les légumes cuits dans le mixeur. Ajouter le lait et la feuille de sauge. Mixer pour obtenir une purée (3 impulsions).

[Pendant la cuisson, dégraisser la tranche de jambon, et la couper en petits dés.

[Disposer la purée sur l'assiette, saler un tout petit peu (pour les grands), et faire couler dessus un fin filet d'huile d'olive. Coiffer le tout des dés de jambon.

[Chapeau !

Mamie a dit :

C'est « le plat d'Alphonse » quand je fais des endives au jambon pour tout le monde.

Récolte du potager
Marché d'hiver
Automne - Hiver

12 mois et +

Nuage et plumes d'endive

[**25** mn

Les ustensiles utiles

Ciseaux
Planche à découper
Petit couteau pointu

Les courses pour 1 enfant de 1 an

[au marché 2 endives « perles du Nord »
1 branche de persil plat
quelques gouttes de citron

[en épicerie 2 cuillères à soupe d'huile d'olive
1 cuillère à soupe de vinaigre balsamique
1/4 de tour de moulin à poivre blanc
1 mini-pincée de sel

La bonne manière

[Commencer par laver, effeuiller et « ciseler » (aux ciseaux) le persil. Puis laver minutieusement les endives, en enlevant (au couteau) le petit cône blanc (amer) à la base du trognon, ainsi que les feuilles abîmées. Garder en réserve 6 à 7 belles feuilles crues, en arrondissant au couteau leurs angles inférieurs pour leur donner la forme de « plumes ». Couper le cœur des endives en deux dans le sens de la longueur. Les mettre à cuire, avec quelques gouttes de citron (pour leur éviter de noircir), 15 mn dans le panier à vapeur (niveau d'eau 3).

[Pendant la cuisson, **confectionner une petite vinaigrette balsamique** (sans la mélanger, pour avoir des bulles) en y intégrant le persil ciselé.

[Quand les cœurs d'endives sont cuits, jeter le jus de cuisson, et transvaser le contenu du panier dans le mixeur. Mixer aussi légèrement que possible (1 impulsion). Placer ce « nuage » d'endives au cœur d'une assiette, verser la vinaigrette dessus. Puis disposer les « plumes » d'endives crues autour, en pétales de marguerite…

[Et alors ? Alors, « on » va effeuiller la marguerite, en croquant un petit bout de « plume » trempée dans la vinaigrette (et un peu de purée), entre deux bouchées de « nuage »…

Les bons points de cette recette

Une approche ludique de l'endive crue et cuite : dans les deux cas, ses fibres sont bien tolérées par le système digestif du jeune enfant. Une qualité qui s'ajoute à ses ressources en eau, minéraux et oligo-éléments, et à sa teneur en acide folique (ou vitamine B9), prioritaire dans le développement du système nerveux…

Autant de vertus qui méritent que ce légume, trop souvent méconnu et mal-aimé, soit adopté tôt, et à bec ouvert !

L'avis
du Papa-chef :

J'aime cette recette car elle joue sur « le cuit et le cru » du légume. C'est une vraie découverte des saveurs du produit « tel quel », sans toucher à sa substance première.

L'avis de Maman :

En remplaçant le jus de cuisson par du lait de croissance, le velouté prend un petit goût sucré qui a facilité la découverte de la févette par Alphonse...

Récolte du potager
Marché d'hiver
Hiver - Printemps

15 mois et +

Velouté de févettes...

[**15** mn

Les ustensiles utiles

Planche à découper
Petit couteau pointu
Économe
Bol
« Chinois » éventuellement

Les courses pour 1 enfant de 15 mois

[**au marché** 100 g de févettes de Nice
1/2 pomme de terre BF 15
1/4 d'oignon nouveau
1/2 gousse d'ail nouveau
1 brindille de sarriette (éventuellement)

[**en épicerie** 1 cuillère à soupe d'huile d'olive

Les bons points de cette recette

Dite « févette » sur les marchés du Midi, la fève est la plus ancienne légumineuse connue (avec la lentille) : on en retrouve les traces à la préhistoire ! Dans la Rome antique, elle servait de jeton pour désigner le roi du banquet... d'où sa présence, imagée désormais, dans la galette des rois.

Belle source d'énergie, très riche en glucides, fibres et protéines, tendre et digeste une fois cuite, elle nourrit son (petit) homme...

La bonne manière

[Écosser les févettes : enlever leur cosse, puis fendre leur peau avec l'ongle et la pincer avec les doigts pour en sortir les févettes, que l'on coupe ensuite en deux. Passer la pomme de terre sous l'eau, l'éplucher à l'économe, et la laver. Couper en cubes la moitié que l'on va utiliser. Enlever la première peau de l'oignon et en « émincer » finement le 1/4. Couper la gousse d'ail en deux. Placer les quantités prévues dans le panier à vapeur, et cuire 10 mn (niveau d'eau 2).

[Récupérer le jus de cuisson dans un bol. Transvaser le contenu du panier dans le mixeur.

[Mixer : 2 impulsions pour une purée, 3 pour un velouté, en ajoutant, entre chaque impulsion, assez de jus de cuisson pour assouplir la consistance.

[**On peut raffiner la recette** en passant le velouté dans une passoire à petits trous (ou « chinois ») pour le servir parfaitement lisse. Avec une fine spirale d'huile d'olive sur le dessus...

... et purée de févettes

[**Elle accompagne délicieusement l'agneau et certains poissons** comme le colin, le bar, le turbot ou même le rouget. Le Papa-chef procède comme pour le velouté, à ceci près qu'il n'ajoute que très peu de jus de cuisson au mixage pour rester à une vraie consistance de purée. Et qu'avant de mettre à cuire, il joint aux févettes, dans le panier à vapeur, une brindille de sarriette…

Mamie a dit :

Quand je prépare du petit salé aux lentilles pour la famille, j'ai ainsi une recette « spécial petit dernier » qui ne fait pas de jaloux.

Récolte du potager

Marché d'hiver

Hiver

3 ans et +

Velouté de lentilles et jambon séché

[**5** mn la veille + **20** mn

Les ustensiles utiles

Saladier
Passoire
Casserole
Planche à découper
Petit couteau pointu
Économe
Papier sulfurisé
Poêle anti-adhésive
Papier absorbant
Bol

Les courses pour 1 enfant de 3 ans

[**au marché** 60 g de lentilles vertes du Puy
1/2 branche de céleri
1/2 carotte
1 brindille de thym

[**chez le boucher** 1 tranche de jambon séché (10 g)

[**en épicerie** 1 tranche de pain de mie
1 filet d'huile de pépins de raisin
1 cuillère à soupe de crème fraîche épaisse
1 mini-pincée de sel

Les bons points de cette recette

Les richesses de la lentille ! Elle est le légume le plus riche en protéines après le soja, elle est plus riche en glucides que les céréales (et dense en fibres, digestes car sans cellulose), elle contient sept fois plus de fer que les épinards… Etc. Il y a donc de bonnes raisons pour qu'elle soit connue depuis l'Antiquité, au Moyen-Orient puis dans l'est du Bassin méditerranéen.

Et le thym fait alliance avec le jambon séché pour en relever le goût.

Le conseil du Papa-chef :

Pour les croûtons ? Prenez une tranche de pain de mie ; enlevez la croûte au couteau ; découpez la mie en tout petits dés que vous passez à la poêle (pour les dorer, pas les roussir !) avec un filet d'huile de pépins de raisin, et que vous égouttez ensuite sur du papier absorbant…

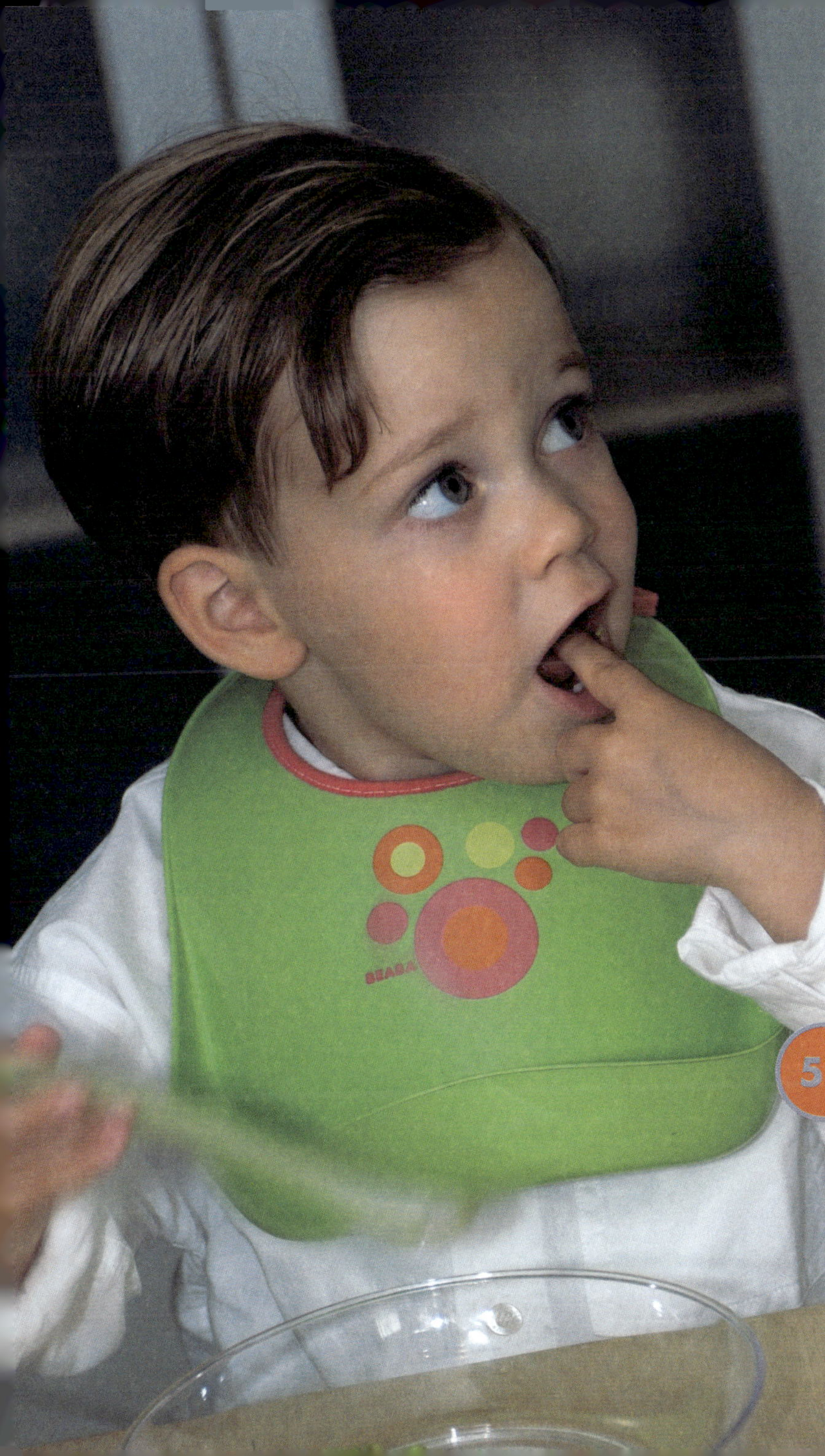

La bonne manière

[**La veille,** on prépare les lentilles. On les lave très soigneusement en les triant sur la paume de la main pour éliminer les petits cailloux éventuels, et on les laisse tremper toute la nuit dans un saladier d'eau pour qu'elles gonflent bien et soient plus moelleuses.

[**Le jour même,** on égoutte les lentilles dans la passoire. On les met dans une casserole d'eau froide pour les « blanchir » sur le feu jusqu'à ébullition. Les égoutter à nouveau. Fendre la branche de céleri sur sa longueur. Laver la 1/2 branche que l'on va utiliser, et la couper en petits morceaux. Laver la 1/2 carotte que l'on va utiliser, l'éplucher, la couper en morceaux. Passer le thym sous l'eau.

[Tapisser le fond du panier à vapeur de 2 couches de papier sulfurisé et y verser les lentilles. Ajouter les quantités prévues de carotte, céleri, thym et jambon séché. Cuire le tout 15 mn (niveau d'eau 3). Récupérer le jus de cuisson dans un bol. Transvaser les légumes dans le mixeur. Mixer (3 impulsions) en rajoutant du jus de cuisson entre chaque impulsion pour obtenir un joli velouté. Ne pas lésiner sur les quantités de jus, la consistance d'origine étant assez épaisse.

[Verser le velouté dans une assiette creuse. Placer au milieu la crème fraîche. Plus, autour, les croûtons si on raffine la recette.

[**Servir aussitôt,** pendant que la crème fond doucement…

Si je mets un petit morceau de jambon séché, c'est pour donner à la recette une saveur « rustique » qui éveille le goût. Alphonse adore !

Le conseil
du Papa-chef :
La réussite de la socca se joue dans la cuisson : la pâte doit être croustillante à l'extérieur et moëlleuse à l'intérieur…

Récolte du potager
Marché d'hiver
Toutes saisons

3 ans et +

Purée de pois chiches au romarin…

[**5** mn la veille + **20** mn

Les ustensiles utiles

2 bols
Passoire
Planche à découper
Petit couteau pointu
Fouet

Les courses pour 1 enfant de 3 ans

[**en épicerie** 80 g de pois chiches secs
1 cuillère à soupe d'huile d'olive

[**au marché** 1/4 d'oignon nouveau (si possible)
1 petite branche de romarin

Les bons points de cette recette

Toutes les qualités du pois chiche : nutritif, énergétique, grand fournisseur de protéines, glucides et fibres, il est aussi une excellente source d'acide folique (ou vitamine B9), actif dans le développement du système nerveux… Mais le système digestif n'accepte bien ce légume sec que vers l'âge de 2 ou 3 ans.

Un parfum du Midi, avec le romarin, qui fait chanter la subtilité du pois chiche.

Et l'exploration de saveurs venues d'ailleurs : le pois chiche est un ambassadeur du Moyen-Orient (couscous, hoummos et falafels) ; la socca (à la farine de pois chiches) est, elle, un héritage des Turcs, transmis à la côte provençale par les Italiens…

La bonne manière

[La veille, faire tremper les pois chiches dans un grand bol d'eau, en les laissant gonfler et s'attendrir durant la nuit. Le jour même, égoutter les pois chiches dans une passoire, et les rincer abondamment sous l'eau courante. Enlever la première peau de l'oignon et en « émincer » finement 1/4. Passer le romarin sous l'eau, et le déshabiller de ses aiguilles.

[Placer pois chiches, oignon, et aiguilles de romarin dans le panier à vapeur pour les cuire 15 mn (niveau d'eau 3). Récupérer le jus de cuisson dans un bol.

[Transvaser le contenu du panier dans le mixeur. Donner 2 à 3 impulsions en ajoutant entre chaque impulsion un peu de jus de cuisson et très peu d'huile d'olive pour obtenir une consistance bien homogène.

[**Qu'en dit notre jeune goûteur ?** En principe, il devrait savourer lentement…

... et, pour les jours de fête :

... Socca niçoise

[**Essayez : c'est tout simple et c'est si bon !** Préchauffez le four à 220 °C (th. 7). Mettez 12 cl d'eau à chauffer dans une petite casserole. Lorsqu'elle frémit, versez en pluie 40 g de farine de pois chiches en fouettant énergiquement pour obtenir une pâte. Laissez cuire 3 à 4 mn. Lorsqu'elle se décolle de la casserole, placez-la dans le mixeur avec un filet d'huile d'olive, mixez jusqu'à éliminer tout grumeau (3 impulsions). Disposez-la alors dans un plat à tarte, que vous enfournez pour 5 mn...

Œufs, laitages et fromages, volailles et jambons : la ferme est... une poule aux œufs d'or en protéines animales ! Avec un grand quelque-chose-en-plus dans tous ces produits, quand ils répondent aux critères de qualité, fort importants pour les donner à un petit enfant.

L'œuf est une riche nature, un aliment presque parfait (sauf en glucides), où le jaune l'emporte haut la main sur le blanc (en calcium et phosphore ; fer et iode ; vitamines A, D, E, B9 ; lipides et calories). Pour un vrai goût et une qualité assurée, acheter des œufs « de poules élevées en plein air » ou provenant d'élevages « bios », les choisir « extra-frais » avec la bande rouge sur l'emballage qui porte la date du conditionnement - ils ont moins de 7 jours ; ensuite, la bande sera retirée, et ils seront « frais » pendant 2 semaines... Veiller aussi à les isoler des produits à odeur - leur coquille est poreuse.

Les laitages font assaut de protéines et calcium, cette alliance que seul le lait fournit dans l'éventail des aliments. **Le fromage blanc** (ricotta italienne comprise) y est au coude à coude avec **la faisselle** (le lait caillé de nos grands-mères) et **le yaourt** (lait fermenté). Digestes, légers, ils sont fort utiles, à partir de 1 an, dans le calcul du quota de lait quotidien, ce demi-litre indispensable, jour après jour, pour devenir grand, avec des os costauds et des dents de loup.

Les fromages sont plus nourrissants : ils sont plus denses en tout... surtout en lipides et calories. En minéraux aussi, où le parmesan et le gruyère se révèlent les champions du calcium et du phosphore. Et puis en oligo-éléments (fer) et vitamines (A, D, B2, B12). Ils stimulent la digestion, favorisent la flore intestinale. Qu'ils soient à pâte cuite (gruyère, parmesan), à pâte molle fermentée (camembert), ou fromages de chèvre. Choisis « fermiers », « artisanaux », ou « AOC, appellation d'origine contrôlée », ils n'en seront que plus appréciés (à partir de 1 an).

Le beurre (cru) est très précieux pour son duo de vitamines A et D (plus sa vitamine E), servi en « noisette » dès 4-6 mois, en « noix » ensuite.

Mais n'oublions pas la crème fraîche, le plus léger des corps gras, avec de la vitamine A et du calcium !

Les volailles ont la même valeur que la viande, en plus maigres. C'est leur bon point. Même teneur en protéines, fer, potassium, vitamines. Et plus de phosphore. C'est pour cela que des blancs de poulet ou de dinde sont conseillés à 5-6 mois - sans peau ! Achetés dans l'idéal chez le volailler ou le boucher, dans les top-qualités, comme « Label Rouge Fermier », « IGP, indication géographique protégée » (du Gers, etc.), avec le poulet de Bresse comme star, seule « AOC ». Choisis dans une volaille à peau fine et chair ferme, qui sera blanche ou jaune selon qu'elle a été nourrie au blé ou au maïs.

Le jambon apporte autant de protéines, fer et potassium que la volaille. Mais plus de lipides, glucides et calories. On le donne à partir de 5-6 mois, à condition qu'il soit blanc, maigre (ou dégraissé), et de qualité, « à l'os » par exemple (cuit dans un bouillon).

61

À la ferme

L'avis du Papa-chef :
C'est une recette plaisante à l'œil. Et délicieuse servie froide.

À la ferme
Œufs et fromages
Printemps-Été

12 mois et +

Caponata - œuf mollet

[**25** mn

Les ustensiles utiles

Planche à découper
Petit couteau pointu
Économe
Ciseaux
Casserole
Écumoire

Les courses pour 1 enfant de 1 an

[au marché
1/2 aubergine
1 tomate « olive »,
1 oignon nouveau
1/2 poivron doux
1 gousse d'ail nouveau
quelques feuilles de basilic et branches de persil plat
3 grosses pincées de pignons de pin
1 œuf « extra-frais » de poule élevée en plein air

[chez le charcutier
1 tranche de jambon blanc maigre, fine comme du prosciutto

[en épicerie
1 léger filet d'huile d'olive
1 mini-pincée de sel

Les bons points de cette recette

Un plat au goût très subtil... et un menu à part entière, pleinement équilibré. Avec les fibres et le potassium de l'aubergine ; le calcium et la vitamine K du persil ; les vitamines A et C du poivron, ce gros piment doux (deux fois plus présentes quand il est rouge) ; les protéines des pignons, ces fruits du pin à la saveur fine et agréable, excellents pour l'effort intellectuel ; les protéines et la vitamine B1 du jambon blanc (maigre et... bien rose !).

Plus l'œuf, aliment quasiment complet...

Mamie a dit :

Par le jeu des couleurs et des formes des légumes, ce plat est amusant à réaliser. Faites-en profiter votre petitou : installez-le à vos côtés... en lui enfilant un bavoir à manches et en vous enroulant dans un grand tablier. S'il voit la surprise se préparer ? Il sera encore plus impatient de la « découvrir » ensuite !

La bonne manière

[Laver les légumes sous l'eau courante (en les rinçant plusieurs fois), avant de les préparer. Trancher la queue du poivron, le couper en quatre, enlever le cœur, découper en petits cubes les 2 quartiers que l'on va utiliser. Couper la tomate en quatre, la peler, la découper en petits cubes. Éplucher l'aubergine à l'économe, la couper en deux, tailler 3 ou 4 rondelles dans la moitié que l'on va utiliser. Débarrasser l'oignon de sa première peau, et « l'émincer » très fin ainsi que l'ail. Mais n'utiliser qu'une pincée de chacun, pour relever le goût de la caponata juste ce qu'il faut à l'âge tendre. Placer les quantités voulues dans le panier à vapeur pour 15 mn de cuisson (niveau d'eau 3).

[Pendant ce temps, laver les herbes sous l'eau courante, et les « ciseler » menu aux ciseaux, sauf une feuille de basilic, à garder pour le décor.

[**Puis cuire l'œuf mollet :** faire bouillir de l'eau salée dans une casserole, y casser l'œuf, attendre 5 mn, le sortir avec l'écumoire pour le poser au cœur de la fine tranche de jambon que l'on va replier dessus comme un paquet cadeau.

[Les légumes sont cuits. Jeter le jus de cuisson. Transvaser les légumes dans le mixeur avec les herbes, les 3 pincées de pignons et un léger filet d'huile d'olive. Mixer : 1 impulsion pour obtenir une consistance « caviar » avec quelques petits morceaux, 2 impulsions pour une consistance mousseuse. Goûter, et saler (un peu) si besoin.

[**Disposer la caponata dans l'assiette, à côté de la tranche de jambon** cachant l'œuf mollet, et décorée de la feuille de basilic pour jouer avec les couleurs.

[La surprise est fin prête !

Le conseil du Papa-chef :

Au marché dans le Midi, choisissez donc une courgette « violon » ! Et si j'utilise ici du fromage blanc à 0 % de matière grasse, c'est parce qu'il « tient mieux ».

À la ferme Œufs et fromages

Printemps - Été

12 mois et +

Flan de courgette

[25 mn

Les ustensiles utiles

Planche à découper
Pinceau
Petit couteau pointu
Cuillère à café
Fouet
Petit saladier
Ramequin
Petit plat à gratin

Les courses pour 1 enfant de 1 an

[au marché 1 courgette (150 g environ)

[chez le fromager 1 œuf « extra-frais » de poule élevée en plein air
2 cuillères à soupe de fromage blanc à 0 %
1 noisette de beurre

La bonne manière

[Avant tout, préchauffer le four à 150 °C (th. 3).

[**Puis beurrer le ramequin** (comme les cuisiniers : de bas en haut avec le pinceau, pour que le flan monte facilement), et le mettre à refroidir au réfrigérateur 10 mn environ, le temps de confectionner la recette.

[Bien laver la courgette sous l'eau courante car on lui laisse sa peau pour donner de la couleur au plat. La couper en quatre dans le sens de la longueur. Si elle contient trop de pépins, les enlever à la petite cuillère. Mettre les morceaux à cuire 5 mn dans le panier à vapeur (niveau d'eau 1). Jeter le jus de cuisson, et transvaser la courgette dans le mixeur. Mixer jusqu'à obtenir une consistance homogène (2 ou 3 impulsions). Puis laisser reposer pour qu'elle tiédisse.

[Pendant ce temps, battre l'œuf dans le saladier ; y ajouter le fromage blanc, la noisette de beurre, puis la courgette une fois tiède. Transvaser dans le ramequin jusqu'à mi-hauteur. Faire tomber la température du four à 120 °C (th. 2). Verser un peu d'eau dans le petit plat à gratin, y placer le ramequin, et enfourner pour faire cuire le flan au bain-marie pendant 15 à 20 mn.

[**Vérifier que la cuisson est à point** en enfonçant un couteau dans la préparation : si la lame ressort sans trace, le flan est prêt à la dégustation.

Maman a dit :

En fait, c'est la recette « spéciale Alphonse » du flan aux courgettes d'une famille de gourmands...

Les bons points de cette recette

Une recette légère et complète, digeste et rafraîchissante, fondante sur la langue et toute douce au palais. Le calcium du fromage blanc fait un duo réussi avec le phosphore de l'œuf pour de bons os et de belles dents. La densité en minéraux et la gamme de vitamines de la courgette met en grande forme.

12 mois et +

Purée d'épinards

[**10** mn

Les ustensiles utiles

Planche à découper
Petit couteau pointu

Les courses pour 1 enfant de 1 an

[**au marché** 200 g d'épinards frais

[**en épicerie** 1 cuillère à soupe de crème liquide
et… pour les plus grands : 1 mini-pincée de sel

Les bons points de cette recette

L'épinard est le légume frais le plus sain. Avec sa ribambelle de sels minéraux et de vitamines, au-delà de sa richesse en fibres, connue d'expérience, et de sa force en fer, fameuse depuis Popeye…

S'il n'est pas conseillé avant l'âge de 12 mois, c'est que sa teneur en nitrates peut être élevée lorsqu'il ne provient pas du jardin ou d'une agriculture "bio".

On le choisit jeune, les feuilles fraîches, tendres, luisantes, d'un vert profond. En sachant qu'il trompe son monde : il fond beaucoup à la cuisson.

La bonne manière

[« Équeuter » les épinards, et les laver à grandes eaux. Les placer dans le panier à vapeur pour les cuire 5 mn (niveau d'eau 1). Jeter le jus de cuisson.

[Transvaser les épinards dans le mixeur. Ajouter 1 cuillère à soupe (environ) d'eau peu minéralisée, et mixer une première fois (1 impulsion). Ajouter la crème et mixer une seconde fois (1 impulsion).

[On obtient une purée onctueuse, à servir telle quelle (salée très légèrement si besoin), ou avec un œuf, à la coque, au plat ou brouillé…

Les jours de fête, avec des Gnocchi de ricotta…

[Couper en morceaux 250 g de ricotta (au lait de chèvre ou de brebis), les mettre dans le mixeur avec 35 g de farine, 1 petite cuillère d'huile d'olive, et 1 pincée de muscade râpée ; y casser 1 œuf ; mixer (3 impulsions).

[Faire chauffer une casserole d'eau. Façonner la farce en « olives » avec une petite cuillère trempée dans l'eau chaude. Pocher ces gnocchi dans l'eau frémissante jusqu'à ce qu'ils remontent à la surface (30-40 secondes).

[Et servir tiède sur la purée d'épinards, avec une goutte d'huile d'olive et une pincée de fleur de sel.

… ou en Nids de tagliatelles épinards - mozzarella

[Faire cuire 100 g de tagliatelles (fraîches si possible), mélanger soigneusement dans un saladier avec la purée d'épinards, ajouter 1 mozzarella di Bufala Campana coupée en petits dés qui vont fondre doucement. Et enrouler autour d'une fourchette pour créer de jolis nids…

Le conseil du Papa-chef :

En variante, pour une « découverte du légume cuit et cru », vous pouvez mettre de côté, avant cuisson, des mini-pousses d'épinards crus pour en « tapisser » les nids de tagliatelles.

Mamie a dit :
Je commencerais par faire goûter la faisselle nature, puis avec un léger filet d'huile, en ajoutant ensuite une herbe, et une seule, différente chaque fois, pour noter les saveurs préférées (ou détestées!) de mon petit-fils…

À la ferme
Œufs et fromages
Toutes saisons

12 mois et +

Faisselle aux herbes

[**5** mn

Les ustensiles utiles

Torchon
Ciseaux
Cuillère à café
Cuillère à soupe
Ramequin

Les courses pour 1 enfant de 1 an

[chez le fromager 2 bonnes cuillères à soupe de faisselle (30 g) ou de lait caillé frais

[au marché 1 brin de ciboulette
1 branche de cerfeuil
1 branche d'estragon
1/4 d'échalotte rose de Jersey

[en épicerie 1 léger filet d'huile de noix
et… du pain rassis à toaster (ou des crustini)

Les bons points de cette recette

Une recette audacieuse, parce qu'elle ouvre tôt l'univers des fines herbes et des condiments. Mais sage, parce qu'elle rassemble un bouquet de bienfaits… et de goûts que les caractères bien trempés apprécieront. En fait, c'est la version enfantine de la « cervelle de canut », ce plat lyonnais dont se nourrissaient les canuts maniant les métiers à tisser la soie…

La bonne manière

[Passer les herbes sous l'eau, les secouer pour évacuer toute impureté, les essorer dans un torchon, et les couper grossièrement aux ciseaux. Éplucher l'échalotte et « l'émincer » finement. Mettre dans le mixeur une petite cuillère de ciboulette et autant de cerfeuil, 1/2 cuillère d'estragon et autant d'échalotte. Mixer juste un peu (1 impulsion), pour ne pas les réduire en bouillie. Ajouter la faisselle, remuer et mixer encore une fois (1 impulsion). Verser ce lait caillé aromatisé dans le ramequin. On peut toaster ou passer au grill des petits crustini de pain, que l'on dispose à côté.

[**Au dernier moment, couler un filet d'huile de noix sur le dessus.** Il ne reste plus qu'à tremper les petits toasts dedans… mais pas les doigts !

Mamie a dit :

Pour éviter les risques de « fausse route » avec les miettes de noix (même très petites), il est important que l'enfant sache déjà bien mâcher…

À la ferme
Œufs et fromages
Toutes saisons

3 ans et +

Fromage blanc - noix

[**5** mn

Les ustensiles utiles

2 cuillères à soupe
Coupelle

Les courses pour 1 enfant de 3 ans

[**au marché** 3 noix de Grenoble, ou 6 cerneaux de noix (séchées)

[**chez le fromager** 4 cuillères à soupe de fromage blanc à 20 % de matière grasse
1 pincée de sel

[**en épicerie** 1 cuillère à soupe de miel d'acacia
ou 1 pointe de cuillère à café de cannelle en poudre

La bonne manière

[Ouvrir les 3 noix, en sortir les 6 cerneaux.

[Mettre 5 des cerneaux dans le mixeur pour les concasser en « miettes » (2 impulsions).

[Ajouter le fromage blanc. Donner 1 autre impulsion.

[**Disposer dans une coupelle,** couler un filet de miel dessus, et servir.

Le conseil du Papa-chef :

Je choisis du miel d'acacia pour sa finesse et la légèreté de son parfum, ou je le remplace par de la cannelle en poudre (1 pointe de cuillère). Je prévois cette recette la veille, pour redonner de la saveur aux noix séchées en mettant leurs cerneaux à tremper quelques heures dans du lait.

Les bons points de cette recette

Elle aide à bâtir des petits costauds ! Parce que les protéines animales du fromage blanc (et son calcium plus son fer) sont ici associées aux protéines végétales des noix (et leurs acides gras essentiels). Et que les noix sont encore plus énergétiques sèches que fraîches.

Mamie a dit :
Le sous-titre de la recette pourrait être « ou comment manger du poireau sans y penser ! »

À la ferme
Œufs et fromages
Printemps-Été

6-8 mois et +

Petit blanc de volaille fermière et brocoli

[**30** mn

Les ustensiles utiles

Saladier
Casserole
Planche à découper
Petit couteau pointu
Économe
Assiette
Papier cellophane

Les courses pour 1 enfant de 1 an

[chez le volailler 1 blanc de poulet fermier (80 g environ)

[au marché 3 petites têtes de brocoli
3 petites pommes de terre Roseval
1/2 tomate olive
1/2 blanc de poireau « crayon »

[en épicerie 1 pincée de sel
1 mince filet d'huile d'olive
1/4 de tour du moulin à poivre blanc
quelques grains de fleur de sel

Les bons points de cette recette

Bel éventail diététique que ce repas pour palais délicats ! Le goût sucré des Roseval (énergétiques), compense l'amertume du poireau (fibres douces, action diurétique) ainsi que l'acidité de la tomate (gorgée de vitamines et de minéraux). Le brocoli y ajoute sa dose de provitamine A (belle croissance, bonne vision), et de vitamine C surtout (stimulant des défenses de l'organisme)...

Le conseil
du Papa-chef :

Je recommande une volaille fermière parce qu'elle offre les garanties d'un élevage soigné, des pommes de terre Roseval pour la douceur sucrée qu'elles apportent à l'ensemble - et qui leur vaut la préférence des enfants.

La bonne manière

[Verser de l'eau fraîche dans le saladier, et mettre de l'eau à bouillir dans la casserole.

[**Préparer le blanc de poulet :** lui enlever sa peau, le découper en petits dés, et les placer directement dans le panier à vapeur pour les cuire 10 mn (niveau d'eau 2).

[**Préparer les légumes :** pendant ce temps couper 3 têtes d'un brocoli en leur laissant 2 cm de tige. Débarrasser le blanc de poireau de ses départs de racines, et fendre en quatre sa partie haute. Laver ces légumes sous l'eau courante, en les secouant énergiquement la tête en bas pour éliminer toute impureté. Couper le blanc de poireau en deux dans sa longueur, et « émincer » finement le demi-blanc que l'on va utiliser. Enlever le pédoncule de la tomate, et la couper en deux, pour en utiliser une moitié. Passer les pommes de terre sous l'eau, les éplucher à l'économe, et les laver avant de les tailler en dés.

[Quand les dés de poulet sont cuits, jeter le jus de cuisson, et les transférer sur une assiette, à couvrir de cellophane pour les tenir au chaud.

[Placer alors les têtes de brocoli, le 1/2 blanc de poireau, la 1/2 tomate et les pommes de terre dans le panier à vapeur pour les cuire 15 mn (niveau d'eau 3). Jeter le jus de cuisson. Transvaser les légumes dans le mixeur. Mixer en purée (2 impulsions) avec les dés de poulet pour les petits.

[Disposer la purée de légumes dans une assiette creuse, et pour les grands, poser les dés de poulet dessus, puis laisser couler un léger filet d'huile d'olive.

[**Pour les très grands,** assaisonner légèrement, et agrémenter de quelques grains de fleur de sel, en décor.

[Qu'en dit le principal intéressé ?

Le conseil du Papa-chef :

À quelques exceptions près, les enfants adorent le potiron, doux, fondant, et légèrement sucré. Profitons-en pour mettre le jambon au menu pour la première fois !

À la ferme
Œufs et fromages
Automne-Hiver

8 mois et +

Gratin de potiron au jambon

73

Les bons points de cette recette

Douceur des goûts, harmonie des couleurs, jeu des consistances... L'alliance potiron-jambon a du bon. Pour séduire les petits méfiants devant les nouveautés. Et pour bien les nourrir, en mêlant les minéraux du potiron (richissime en potassium) aux protéines du jambon blanc, aussi bonnes que celles d'une viande rouge quand il est de qualité.

[**30** mn

Les ustensiles utiles

Planche à découper
Petit couteau pointu
Râpe à fromage
Bol
Cuillère à soupe
Ramequin

Les courses pour 1 enfant de 1 an

[**au marché** 150 g de potiron préparé (= 1 tranche moyenne)

[**chez le charcutier** 80 g de jambon blanc à l'os en une tranche épaisse (5 mm)

[**chez le fromager** 20 g de parmesan frais
1 généreuse noisette de beurre

[**en épicerie** 3 bonnes cuillères à soupe de lait de croissance
... (ou de suite pour les 8-12 mois)
1 mini-pincée de sel
1/4 de tour du moulin à poivre blanc

La bonne manière

[**Commencer par dégraisser le jambon,** et le couper en tout petits dés (attention aux doigts !) ; râper le parmesan (1 cuillère à soupe) ; et les mettre tous deux en attente.

[**Puis préparer le potiron :** le laver, enlever écorce et pépins, couper sa chair en morceaux, à mettre directement dans le panier à vapeur avec une mini-pincée de sel, pour 15 mn de cuisson (niveau d'eau 3).

[Préchauffer le four en position « grill ».

[Récupérer le jus de cuisson dans un bol, placer le potiron cuit dans le mixeur avec le lait et le beurre. Mixer jusqu'à obtenir une consistance lisse et fluide (3 impulsions), en ajoutant, si nécessaire, un peu de jus de cuisson (au maximum 1 cuillère à soupe) entre deux impulsions. Transvaser dans le saladier. Ajouter les dés de jambon, un peu de sel, très peu de poivre, bien mélanger, et verser dans le ramequin. Saupoudrer avec le parmesan râpé.

[**Enfourner,** pour un joli gratiné aux couleurs soleil (10 mn).

L'avis de Maman :

Quand j'ai un emploi du temps chargé, je prépare la purée de potiron la veille : ensuite, c'est prêt en quelques minutes.

Mamie a dit :
A Noël, je coupe dans la dinde traditionnelle un filet de blanc que je sers à Alphonse accompagné de deux purées de fête : marrons et céleri.

À la ferme
Œufs et fromages
Hiver

18 mois et +

Dinde en beurrée de choux

[**20** mn

Les ustensiles utiles
Planche à découper
Petit couteau

Les courses pour 1 enfant de 18 mois

[**au marché** 1 petit chou breton vert frisé

[**chez le volailler** 50 g de filet de dinde
1 petite tranche de lard paysan fumé (20 g)

[**en épicerie** 1 noisette de beurre
1 mini-pincée de sel
1/4 de tour du moulin à poivre blanc

La bonne manière

[Préparer le chou, en retirant les feuilles extérieures qui se détachent facilement, ainsi que le trognon. Le couper en 4 et laver les quartiers dans un bac à grande eau, avec une pointe de vinaigre.

[On n'utilise ici qu'un seul quartier (les autres seront pour le repas des grands !). Découper ses feuilles en lanières pas trop fines, et les placer dans le panier à vapeur.

[« Émincer » le filet de dinde et le lard, les ajouter au panier avec le beurre.

[Cuire le tout 15 mn (niveau d'eau 3). Jeter le jus de cuisson.

[Assaisonner léger-léger de poivre et de sel (attention, il y a déjà le lard !), en goûtant pour rectifier si nécessaire.

[Disposer dans l'assiette du bout d'chou, et servir tel quel.

Le conseil
du Papa-chef :

Choisissez un chou breton vert, frisé, bien pommé ; et, de préférence, le blanc d'une dinde « rouge des Ardennes » ou « noire » du Gers. Sachez aussi que la (toute petite) touche de lard paysan fumé est là pour relever le goût du plat.

Les bons points de cette recette

On se forme le goût à deux saveurs différentes, à deux consistances aussi, quand on découvre la surprise des morceaux de dinde cachés dans le moelleux du chou. Et on fait le plein de vitamine C (pour mieux aiguiser tes défenses, mon enfant), et de protéines, dans un vrai plat de grands froids.

Nourrir un enfant, c'est bâtir... un bonhomme ou une petite bonne femme qui sera bien droit(e) dans ses baskets (plus tard). La viande, avec ses protéines premier choix et son fer facile à assimiler, constitue le plus beau des matériaux de construction, après le lait de la petite enfance. Le Papa-chef l'utilise avec maestria les jours de fête, en recettes qui se répondent de la Scandinavie à l'Orient, du Pytt-i-Panna au Kefta. En exigeant une qualité irréprochable à chaque achat. Cette qualité coûte cher, c'est vrai. Mais inutile de ruminer : le bonheur est dans le pré !

Viande rouge ou blanche, peu importe : elle a la même valeur nutritionnelle. À peu près celle du jambon blanc et de la volaille... si l'on escamote ses lipides. Comment ? En choisissant des morceaux tendres dans des viandes maigres - bifteck et bavette de bœuf ; épaule, collier, gigot d'agneau ; longe de veau... chez un bon boucher.

Un bon boucher a le respect de sa viande. Elle est de bonne provenance : régionale, artisanale, fermière, garantie par un label. Bien sélectionnée, de bêtes d'élevage naturel, nourries d'herbe verte et de grand air. Bien conservée puis préparée. Il conseille, et il hache à la demande, devant ses clients, le morceau destiné à la mini-génération. En recommandant de le placer au plus vite au réfrigérateur et de le manger dans les 3 heures - cuisiné à la Papa-chef, bien sûr ! En roulé-boulé ou en craquelins...

En viande rouge, on choisit du bœuf étiqueté « viande bovine d'origine française », du Charolais ou de l'Aubrac. Bien rouge, brillant, ferme. Et si on achète du steak haché surgelé, attention qu'il soit à « 5% de matière grasse », et qu'il passe directement du congélateur au Babycook !

De l'agneau aussi, à chair rose toute l'année ; ou, fin du fin, à la chair blanche de l'agneau de lait entre décembre et avril... Avec un label régional, des Pyrénées de préférence.

Et en viande blanche ? Du veau « élevé sous la mère » (nourri au lait) dans un élevage fermier (label rouge) du Limousin, de la Creuze, de la Corrèze...

Mais on se cantonnera dans des mini-portions : une cuillère à café vers 5-6 mois, selon les conseils du pédiatre, en augmentant jusqu'à 1 cuillère à soupe à 1 an, et 2 à 2 ans (soit 30 - 50 g). Toujours servies à midi, pour favoriser un sommeil de rêve la nuit.

C'est peu ? Mais non ! Les enfants mangent, très tôt, trop de viande en France... Deux fois par semaine est une bonne vitesse de croisière, si on alterne avec des œufs, du jambon, de la volaille et du poisson - tous fournisseurs de ces protéines animales qui vont peu à peu remplacer celles du lait.

A quoi servent les protéines animales ? Elles créent chaque élément du corps, l'alimentent et le protègent. **Le fer** aide à oxygéner les globules rouges. Dans la viande, il y a aussi **du cuivre**, qui permet l'utilisation du fer par le foie ; du zinc, essentiel à la croissance ; **du potassium**, équilibrant nerveux ; et **des vitamines B**, qui apportent de l'énergie aux cellules...

Autant d'activités qui demandent à être nourries jour après jour... mais pas avec un appétit d'ogre !

77

Au pâturage

Maman a dit :

Prévoyez un bavoir à manches, vous ne le regretterez pas…

Au pâturage

Les viandes

Toutes saisons

12 mois et +

Kefta d'agneau

[**20** mn

Les ustensiles utiles

Planche à découper
Petit couteau pointu
Petit saladier
Papier cellophane
Économe
Petite casserole
Cuillère en bois
Cuillère à café

Les courses pour 1 enfant de 1 an

[**chez le boucher** 80 g d'agneau (épaule, collier ou gigot)

[**au marché** 1 branche de coriandre
1/4 d'oignon « paille »
… et pour la sauce : 1 pomme de terre BF 15 (de taille moyenne)

[**en épicerie** 1 pointe de petite cuillère de cumin en poudre
huile d'olive
… et pour la sauce : 1 petite cuillère de concentré de tomate

La bonne manière

[Laver la coriandre sous l'eau courante et l'effeuiller. Éplucher l'oignon, le couper en quatre, et tailler en dés le quart que l'on va utiliser. Découper l'agneau en gros morceaux à mettre directement dans le mixeur. Ajouter l'huile d'olive, les dés d'oignon, la coriandre et le cumin. Donner 3 impulsions, pour obtenir une « farce » bien lisse. Transvaser dans le saladier, recouvrir de cellophane, et laisser reposer au réfrigérateur.

[**Pendant ce temps, on va préparer la sauce.** Passer la pomme de terre sous l'eau, l'éplucher à l'économe, la laver, la tailler en petits dés. Mettre la casserole sur feu très doux. Et y faire « suer » 30 secondes les dés de pomme de terre dans un filet d'huile d'olive, sans laisser colorer. Mouiller d'eau « à hauteur » (à ras des dés de pomme de terre), ajouter le concentré de tomate, laisser épaissir sur petit feu en remuant doucement : la sauce va prendre une appétissante couleur rouge. Arrêter le feu.

[**C'est le moment de façonner les boulettes d'agneau.** On sort la farce du réfrigérateur. Et on la roule en 5 à 6 boulettes de la taille d'une cerise dans le creux de la paume, sous l'œil attentif de l'aide-cuisinier. On jette les boulettes dans la sauce, pour qu'elles cuisent 6-7 mn à feu doux. Et l'on sert ce beau ragoût bien rouge. Qui résisterait à l'envie d'y piocher les boulettes avec les doigts ?

Les bons points de cette recette

Dans une sauce d'un rouge royal, la découverte d'une épice, le cumin, qui éveille de sa saveur (chaude) l'agneau (tendre et parfumé). Voilà qui stimule l'œil et les papilles, la curiosité et l'imagination.

Le conseil du Papa-chef :

En recettes de boulettes, je joue avec Alphonse au « voyage autour de mon assiette » en lui faisant comparer les goûts et saveurs du kefta marocain et du Kött Bullar suédois ce Roulé-Boulé de viande qui se prononce « schott boullar ».

Papa-chef a dit :
En fait, c'est la version Baby du couscous familial (sans harissa ni merguez), pour que tout le monde puisse participer à la tablée de fête.

12 mois et +

Petit couscous de légumes

Les bons points de cette recette

Le prix d'excellence de l'équilibre en nutrition : protéines animales des viandes, protéines végétales des légumes (dont l'ensemble devrait couvrir la gamme des acides aminés essentiels), glucides de la semoule de blé (bien aimée dès 6 mois). En un plat qui est un menu à lui tout seul. Un plat des pays du soleil.

L'avis de Maman :
découvrir tôt des plats d'autres cultures, cela ouvre les goûts, et des horizons. C'est bien.

[25 mn

Les ustensiles utiles

Plat creux
Papier cellophane
Planche à découper
Petit couteau pointu
Fourchette
Saladier
Petite cuillère

Les courses pour 1 enfant de 1 an

[en épicerie 30 g de semoule à couscous moyenne
1 petite cuillère d'huile d'olive
1 noix de beurre

[au marché 20 g de carottes « sable »
20 g de haricots verts extra-fins
20 g de courgettes
20 g de navets
20 g de céleri-rave
1 branche de coriandre
2 feuilles de menthe

[chez le boucher 20 g d'agneau haché (épaule, collier ou gigot)
20 g de blanc de poulet fermier haché

La bonne manière

[Préparer la semoule. La mettre dans le plat creux, verser de l'eau chaude « à hauteur » (à ras de la semoule), recouvrir de papier cellophane, et la laisser gonfler doucement le temps de réaliser la recette.

[Laver tous les légumes ainsi que la branche de coriandre (mais pas la menthe), les éplucher, les couper gros, et mettre les morceaux à cuire dans le panier à vapeur 10 mn (niveau d'eau 2). Jeter le jus de cuisson. Ajouter les viandes hachées, remettre de l'eau au niveau 1, pour 5 mn de cuisson supplémentaire.

[Pendant ce temps, on va couper en morceaux (« concasser ») les 2 feuilles de menthe à la main. Puis retirer à la fourchette la semoule du plat creux pour l'égrener dans le saladier ; y ajouter le beurre, l'huile d'olive, la menthe. Mélanger légèrement, et laisser en attente.

[La viande et les légumes sont cuits. Jeter le jus de cuisson. Transvaser dans le mixeur. Donner 1 impulsion, pour garder des morceaux. S'ils sont trop gros pour être mâchés facilement par le l'enfant, une 2ème impulsion devrait suffire. On tapisse de semoule l'assiette de l'intéressé, on y creuse un petit puits, où l'on verse le mini-ragoût du couscous. Bon appétit !

Le conseil
du Papa-chef :
On n'escamote pas le séjour de la farce au réfrigérateur ! C'est ce qui permet aux boulettes de se façonner facilement et de ne pas tomber en miettes dans la poêle.

Au pâturage
Les viandes
Automne-Hiver

15 mois et +

Roulé-Boulé de viande

[**25** mn

Les ustensiles utiles

Petit couteau
Planche à découper
Bol
Fourchette
Papier cellophane
Économe
2 petits saladiers
Poêle anti-adhésive
2 cuillères à soupe

Les courses pour 1 enfant de 15 mois

[**chez le boucher** 40 g de bavette de bœuf
40 g de poitrine de porc, assez maigre

[**chez le fromager** 1 œuf « extra-frais » de poule élevée en plein air
1 cuillère à soupe de crème fraîche épaisse
2 noisettes de beurre

[**au marché** 1 grosse pomme de terre « Bintje »
1/4 d'oignon « paille »

[**en épicerie** 2 cuillères à soupe de lait de croissance
1 mini-pincée de sel
1/4 de tour du moulin à poivre blanc

Les bons points de cette recette

Le « Kött Bullar » (prononcez « schott boullar » !) est la recette de week-end en Suède, qui régale les enfants en automne et les réchauffe en hiver. Rien d'étonnant, avec autant d'atouts : elle est hyper-protéinée (bœuf et porc, fournisseurs aussi de fer), multi-vitaminée (laitages), énergétique (glucides de la pomme de terre) ; avec l'œuf, aliment complet, en prime…

La bonne manière

[**Préparer la farce :** mettre les morceaux de viande dans le mixeur, donner 2 impulsions. Éplucher l'oignon, en « émincer » un quart, et l'ajouter, avec le lait, à la farce. Au tour de l'œuf, mais un demi seulement ! Comment faire ? Casser l'œuf dans un bol, le battre à la fourchette, et en verser la moitié dans le mixeur. Assaisonner très légèrement.

[**Mixer pour obtenir une farce bien homogène :** 1 impulsion (ou 2, en remuant entre les deux). Transvaser dans un saladier, recouvrir de cellophane, laisser reposer 10 à 15 mn (minimum) au réfrigérateur.

[Pendant ce temps, laver le mixeur, et préparer l'accompagnement : passer la pomme de terre sous l'eau, l'éplucher à l'économe, la laver, la couper en petits morceaux que l'on met dans le panier à vapeur. Cuire 10 mn (niveau d'eau 2). Jeter le jus de cuisson. Transvaser la pomme de terre dans un saladier, l'écraser à la fourchette, ajouter la crème et une noisette de beurre. Mélanger. Laisser au chaud.

[Sortir la farce du réfrigérateur et façonner 4 ou 5 petites boulettes, de la taille d'un marron, dans la paume de la main.

[**Chauffer la poêle avec une noisette de beurre.** Dès que cela mousse, y placer les boulettes et les faire dorer sur toutes leurs facettes, 5 mn au total.

[Disposer les boulettes dans l'assiette. À l'aide des 2 cuillères à soupe, confectionner vite fait 2 quenelles de « pommes purée » en décor. Que va donc goûter en premier notre gourmand ?

L'avis de Maman :

C'est une recette pour les jours où je mets les petits plats dans les grands. Alors, pour gagner du temps, je demande à mon boucher de hacher les viandes au couteau, assez fin, devant moi.

Mamie est étonnée par la betterave crue, elle goûte pour vérifier que c'est bon, et elle reconnaît que ça l'est.

Au paturage
Les viandes
Automne-Hiver

12 mois et +

Spécial Pytt-i-Panna

[15 mn

Les ustensiles utiles

Planche à découper
Économe
Petit couteau
Bol

Les courses pour 1 enfant de 1 an

[**chez le boucher** 80 g de bœuf haché gros au couteau
1 tranche de jambon fumé (20 g)

[**au marché** 2 pommes de terre Charlotte
1/4 d'oignon
1/2 carotte
... et 1/4 de betterave crue

[**en épicerie** 1 cuillère à soupe de crème liquide

La bonne manière

[On commence par la betterave crue : la laver, l'éplucher et la couper en dés.

[On continue avec les autres légumes : les passer sous l'eau, les éplucher, les laver. Couper les quantités voulues en morceaux fins, que l'on place dans le panier à vapeur. Ajouter la viande hachée et le jambon fumé. Mettre à cuire 10 mn (niveau d'eau 2). Jeter le jus de cuisson.

[Transvaser dans le mixeur. Mixer légèrement (1 impulsion), pour garder des petits morceaux. Verser dans un bol, y ajouter la crème.

[Disposer cette farce sur l'assiette. Poser les dés de betterave crue dessus.

[Et voilà que le Pytt-i-Panna a un p'tit pote de plus...

Le conseil
du Papa-chef :

En bœuf, choisissez de la tende de tranche ; hachée gros au couteau, surtout, pour que les morceaux ne s'échappent pas par les trous du panier à vapeur !

Les bons points de cette recette

En Suède, le Pytt-i-Panna est LE « plat pour petits garçons » qu'ils adorent parce qu'il est tout en petits morceaux. Comme les grandes personnes ont la nostalgie de leur enfance, c'est devenu une recette à part entière. Or Mi, la maman d'Alphonse, est suédoise...

Protéines du bœuf, glucides et fibres des légumes, calories du (petit peu de) jambon cru fumé, vitamine A de la crème : c'est bien une recette pour affronter le vent d'hiver !

Maman a dit :

Pour faire découvrir à Alphonse la famille des condiments, je pose autour de son assiette des petits pots où j'ai versé des sauces différentes, et où il peut tremper ses craquelins à sa guise.

Au paturage

Les viandes

Automne-Hiver

12 mois et +

Craquelins de veau...

[30 mn

Les ustensiles utiles

Torchon
Ciseaux
Planche à découper
Couteau
Petit saladier
Papier cellophane
3 bols
Fourchette
Poêle anti-adhésive

Les courses pour 1 enfant de 1 an

[**chez le boucher** 30 g de longe de veau

[**au marché** 2 branches de persil plat

[**chez le fromager** 1 petite cuillère de crème fraîche liquide
2 œufs « extra-frais » de poule élevée en plein air
1 noisette de beurre

[**en épicerie** 1 bonne cuillère à soupe de farine
3 cuillères à soupe de chapelure
1 cuillère à soupe d'huile de pépins de raisin
1 mini-pincée de sel
1/4 de tour du moulin à poivre blanc

Les bons points de cette recette

Une version « craquante » de la viande de veau. Il y a belle lurette que le bébé est familiarisé avec cette viande tendre (et maigre). Mais il la découvre ici sous une consistance nouvelle, et sous une forme plus élaborée. Un pas en avant dans le monde des amateurs de bonne chère...

Le « petit Paris » qui l'accompagne si bien est ce champignon cultivé très tard dans les carrières parisiennes (alors qu'il était connu des pharaons), et devenu en peu de temps l'espèce la plus cultivée au monde ! Succès mérité : il est d'une richesse originale en minéraux, oligo-éléments et vitamines. Et si doux en bouche...

La bonne manière

[**On commence par préparer la farce.** Laver le persil sous l'eau en secouant bien, « l'équeuter », puis l'essorer dans un torchon. Couper ses feuilles aux ciseaux. Tailler le veau en petits dés. Les mettre dans le mixeur avec le persil et la crème fraîche, y casser l'œuf. Mixer (3 impulsions), en remuant à la spatule entre chaque impulsion pour obtenir une farce très fine et compacte. Assaisonner (juste un peu). Transvaser dans le saladier, recouvrir de cellophane, laisser reposer 15-20 mn au réfrigérateur.

[Pendant ce temps, aligner 3 bols en rang d'oignons. Dans le 1er, verser la farine ; dans le 2ème, casser le second œuf et le battre ; dans le 3ème, verser la chapelure.

[**Quand la farce est refroidie, la façonner en petits palets** (= boulettes aplaties) dans la paume de la main. Avec une fourchette, piquer chaque palet pour le tremper tour à tour dans la farine, l'œuf puis la chapelure, en tapotant chaque fois la fourchette contre le bol pour enlever l'excédent. Laisser les palets en attente. Mettre la poêle à chauffer sur feu moyen avec la noisette de beurre et la cuillère à soupe d'huile de pépins de raisin. Dès que cela mousse, réduire le feu et faire dorer les palets sur toutes leurs facettes.

[Les craquelins sont prêts à être croqués à belles quenottes…

Le conseil
du Papa-chef :

L'idéal est, évidemment, du veau « élevé sous la mère » (label 1981), c'est-à-dire nourri au lait de sa mère et non sevré… Et pourquoi ce passage de la farce au réfrigérateur ? Parce qu'ainsi les palets se font plus facilement et ne se défont pas à la cuisson.

Les jours de fête :

… et Purée de petits Paris

La bonne manière

[On cuit 10 mn à la vapeur (niveau d'eau 2) 100 g de champignons « boutons » de Paris (débarrassés de leur terre, et lavés dans de l'eau citronnée), avec une petite pomme de terre Charlotte coupée en morceaux, et un soupçon de citron. On jette le jus de cuisson*. On mixe (3 impulsions) en ajoutant une cuillère à soupe de crème fraîche liquide entre chaque impulsion. Plus une mini-pincée de sel si besoin.

* Sauf si l'on veut allonger maintenant la purée en velouté !

Voici de l'iode, du phosphore, et des protéines venues de la mer. Avec, dans leur sillage, du fluor et du potassium. En poissons, crevettes et coquilles Saint-Jacques. Un trésor de pirate qui ravit le nutritionniste, et qui fait frétiller l'inspiration du Papa-chef.

Le poisson est l'un des meilleurs aliments qui soient... quand il est frais comme un gardon ! L'œil brillant, l'ouïe rouge, l'écaille luisante, l'odeur saine. Sinon, prendre le large, et l'acheter en surgelé : traité à bord du bateau de pêche, il sera d'une fraîcheur irréprochable - mais sa chair sera plus sèche...

Aux moussaillons, on donne de préférence des poissons « maigres » : bar breton (dit loup en Méditerranée), cabillaud (le plus maigre de tous et l'un des plus riches en potassium), carrelet, colin, limande, merlan, sole (à servir bien cuite, la chair d'un blanc nacré)... Plus le brochet en poisson d'eau douce.

Attention : fragiles. On demande au poissonnier de lever leurs filets (mais on guettera les arêtes qui auraient échappé à sa vigilance) ; on les garde (très peu) au réfrigérateur, enveloppés dans du papier aluminium pour qu'ils ne communiquent pas leur odeur marine aux autres aliments ; et on les cuisine (très vite), avec précaution. On commence par des bancs d'essais pour détecter tout signe d'allergie chez le bébé de 5-6 mois. Si tout va bien, alors on en met à son menu 2 à 3 fois par semaine...

Puis, avec les futurs loups de mer, vers 1 an, on aborde le saumon, ce « poisson des mers froides » à l'exceptionnelle richesse en acides gras essentiels et en vitamines A et D – ce qui va de pair avec la teneur en lipides des poissons. Mais un saumon sauvage de Norvège ou d'Écosse, de moins de 3 ans, le seul à effectuer sa migration selon le rituel de ses ancêtres...

Pour les coquilles Saint-Jacques, on s'arme d'une patience de femme de marin jusqu'à ce que les 18 mois se profilent à l'horizon, et que les risques d'allergie à leur forte teneur en iode se dissipent - ce qui n'empêche pas de commencer par des bouchées-tests

L'iode, présente seulement dans les produits de la mer, agit en capitaine dans la croissance. Indispensable, mais sans excès ! **Le sélénium** soutient les défenses immunitaires. **Le fluor** donne des dents de lait à croquer la vie. **Le phosphore** garantit bons os, belles dents et bonne croissance, en compagnie du calcium - si la vitamine D y met son... grain de sel. Et dans les lipides des poissons, **la vitamine D** favorise l'assimilation du calcium et du phosphore ; tandis que **les acides gras essentiels** ont tout pouvoir sur le développement du cerveau.

On ne mangera jamais assez de produits de la mer pour grandir heureux comme... un poisson dans l'eau. Voici des recettes qui jouent avec eux : en pétales ou rouelles, tartare, brandade ou quenelles... au fenouil, vert de blette ou brocoli ; aux épinards, ou aux petits champignons de Paris...

A maman, ensuite, de laisser libre cours à son imagination : le sujet est vaste comme l'océan !

89 Arrivée de la marée

Maman a dit :

Si vous ne trouvez pas de bar, prenez du loup… en expliquant aux petits curieux qu'il ne s'agit pas d'un loup des bois.

Arrivée de la marée
Les poissons
Hiver-Printemps

8 mois et +

Bar au fenouil

[**20** mn

Les ustensiles utiles

Planche à découper
Petit couteau pointu
2 saladiers
Petite casserole
Cuillère en bois

Les courses pour 1 enfant de 1 an

[**chez le poissonnier** 30 g de filet de bar de ligne

[**au marché** 1/4 de fenouil bulbe
1 petit bâton de fenouil sec
1/2 tomate olive
2 feuilles de basilic
3 gouttes de citron

[**en épicerie** 1 filet d'huile d'olive
1 mini-pincée de sel
… et quelques glaçons

La bonne manière

[Laver sous l'eau courante le fenouil bulbe, le couper en quatre et en « émincer » finement un quart. Couper le filet de bar en fines lamelles. Placer le bar et le fenouil émincé dans le panier à vapeur. Poser le fenouil sec sur le bar. Mettre à cuire 15 mn (niveau d'eau 3).

[Pendant ce temps, **confectionner une « sauce vierge » en accompagnement.** Remplir un saladier d'eau fraîche et de glaçons, et mettre de l'eau à bouillir dans la casserole. Laver la tomate, retirer son pédoncule, et la « monder » en la plongeant 30 secondes dans l'eau bouillante puis dans l'eau glacée avant de la peler : la peau s'enlève en un clin d'œil. Laver le basilic, l'effeuiller, et couper ses feuilles en morceaux avec les doigts. Couper la tomate en quatre, lui ôter ses pépins (avec le pouce, c'est plus facile), et couper 2 quarts en petits dés. Les mélanger dans un saladier avec l'huile d'olive, le sel, le basilic, 3 gouttes de citron (pas plus !). Et mettre en attente.

[La cuisson du bar terminée, retirer le bâton de fenouil sec et jeter le jus de cuisson. Transvaser dans le mixeur le bar et le fenouil cuits. Donner 2 impulsions. Disposer dans une assiette, arroser délicatement avec la vinaigrette aux dés de tomate.

[Joli, non ?

Le conseil du Papa-chef:

Préférez un bar de ligne à un bar d'élevage. Le second est plus disponible sur le marché, mais sa chair est beaucoup moins tendre car c'est un poisson qui… n'a jamais vu la mer !

Les bons points de cette recette

Ses saveurs subtiles, qui affinent les papilles, avec la délicatesse du bar mise en valeur par le fenouil, cet « aneth doux » au goût d'anis. Utilisé sec et frais (tenue d'hiver et forme printanière), le fenouil apporte sa richesse en sodium, et en calcium.

Le conseil
du Papa-chef :
Demandez au poissonnier de vous découper un beau pavé de cabillaud qui se tienne bien à la cuisson, et d'en enlever les arêtes.

Arrivée de la marée
Les poissons
Printemps-Été

8 mois et +

Pétales de cabillaud et miettes de brocoli

[**15** mn

Les ustensiles utiles

Planche à découper
Petit couteau
2 assiettes
Film étirable
Saladier
Ciseaux
Fourchette

Les courses pour 1 enfant de 1 an

[**chez le poissonnier** 1 petit pavé de cabillaud (40 g)

[**au marché** 1 petit bouquet d'aneth frais
3 ou 4 têtes de brocoli
1/2 citron

[**en épicerie** 1 pincée de sel pour les plus grands

La bonne manière

[Brasser le brocoli dans de l'eau fraîche. Couper 3 ou 4 de ses têtes dites « sommités », et les mettre à cuire dans le panier à vapeur 5 mn (niveau d'eau 1). Jeter le jus de cuisson. Écraser les « sommités » à la fourchette dans une assiette. Recouvrir d'un film étirable pour les garder au chaud.

[Couper l'aneth aux ciseaux. En tapisser (sans lésiner !) le dessus du pavé de cabillaud, avant de le poser dans le panier à vapeur pour 3 mn de cuisson seulement (niveau d'eau 0,5) afin qu'il reste ferme. Jeter le jus de cuisson.

[Faire glisser dans une assiette le cabillaud cuit. Pousser du bout des doigts sur ses « pétales », pour les détacher les uns des autres.

[Dans l'assiette de bébé (fort intéressé par ces manœuvres), alterner les couches de pétales de cabillaud et de miettes de brocoli. En un mille-feuille blanc et vert… qui va être un délice à détruire !

Les bons points de cette recette

Une source de santé. Une recette légère et digeste, qui convient dès les premiers « vrais repas » ; rapide à accomplir aussi, quoique demandant du doigté pour monter le mille-feuille qui fait son charme. Elle a l'avantage d'unir deux aliments fabuleux pour l'organisme : un poisson maigre et un légume bienfaisant sans réserve dès l'âge de 4 mois.

12 mois et +

Saumon - vert de blettes, façon brandade

Les bons points de cette recette

L'union du prince et de la bergère ! D'un « poisson des mers froides », dont on sait la richesse en acides gras essentiels, et d'un légume de nos jardins, dont on méconnaît les qualités. À eux deux, ils sont une mine de minéraux précieux, pourvue des vitamines qui permettent de bien les assimiler.

[**20** mn

Les ustensiles utiles

Petit plat à gratin
Planche à découper
Petit couteau pointu
Économe
Casserole
Écumoire
Saladier
Fourchette

Les courses pour 1 enfant de 1 an

[**chez le poissonnier** 80 g de filet de saumon sauvage

[**au marché** 1 grosse pomme de terre Agria ou Charlotte
2 feuilles de blettes françaises
1 brindille de thym
1 gousse d'ail

[**en épicerie** 2 cuillères à soupe de lait de croissance
1 cuillère à soupe de chapelure
1 noisette de beurre
1 mini-pincée de sel

La bonne manière

[Préchauffer le four en position « grill ». Beurrer le plat à gratin. Faire bouillir une casserole d'eau salée.

[**Préparer les légumes :** séparer le vert des blettes du blanc de leurs côtes (que l'on n'utilisera pas ici). Laver le vert sous l'eau courante, et « l'émincer » en lanières (pas trop fines). Passer la pomme de terre sous l'eau, l'éplucher, la laver, et la couper en petits morceaux. Mettre les légumes dans le panier à vapeur pour 10 mn de cuisson (niveau d'eau 2).

[Pendant ce temps, on prépare le saumon. Verser le lait dans la casserole, y ajouter le thym et l'ail « en chemise » (dans sa gousse). Mettre sur feu doux. Quand le lait frémit, y placer le saumon, couper le feu, et laisser pocher pendant 5 mn, pas plus, afin qu'il reste moelleux. Sortir le saumon avec l'écumoire. Le déposer dans le saladier, l'émietter à la fouchette, et le laisser en attente.

[Quand les légumes sont cuits, jeter le jus de cuisson, et les transvaser dans le mixeur. Donner 3 impulsions.

[**Mélanger cette « farce » au saumon.** Goûter, assaisonner si besoin d'une pointe de sel. Transvaser le mélange dans le plat à gratin. « Arroser » d'une petite pluie de chapelure, avant de gratiner légèrement (5 mn) au four.

L'avis du Papa-chef :

… et l'enfant va ainsi « casser la croûte » ! On peut remplacer le saumon par du cabillaud, en clin d'œil à la « vraie » brandade. Et utiliser le blanc des blettes en gratin à la crème pour le repas des grands.

Le conseil
du Papa-chef :
Achetez une sole entière bien fraîche de petit format, et faites lever les filets par votre poissonnier.

Arrivée de la marée
Les poissons
Printemps

12 mois et +

Rouelles de sole aux épinards

[**20** mn

Les ustensiles utiles

Planche à découper
Film étirable
Petit couteau à lame souple
Saladier
Casserole
Écumoire
2 piques en bois

Les courses pour 1 enfant de 1 an

[**chez le poissonnier** 2 filets de sole « petit bateau »

[**au marché** 150 g d'épinards frais
1/2 citron

[**en épicerie** 1 pincée de sel
2 noix de beurre
... et quelques glaçons

La bonne manière

[Commencer par aplatir les filets de sole (sans les écraser !) : les recouvrir d'une feuille de film étirable, la mouiller légèrement, et appuyer dessus avec la lame du couteau, bien à plat. Remplir le saladier d'eau fraîche et de glaçons. Et mettre de l'eau salée à bouillir dans la casserole.

[« Équeuter » les épinards (enlever leurs tiges) à la main. Les laver en les brassant dans plusieurs eaux. Les faire « blanchir » 30 secondes dans l'eau bouillante, puis les plonger dans l'eau glacée (pour leur conserver leur apétissante couleur verte). Les sortir avec l'écumoire et les presser délicatement entre les mains pour en extraire toute l'eau.

[Saler et beurrer les filets de sole avec la lame du couteau. Placer les épinards en fine couche par-dessus et enrouler les filets. Une pique plantée dedans sera la bienvenue pour tenir le tout. Mettre les 2 rouleaux dans le panier à vapeur. Cuire 7 à 8 mn (niveau d'eau un peu au-dessus de 1). On va alors les découper en rondelles.

[**Et voilà qu'apparaissent les spirales de deux couleurs,** devant un spectateur bouche bée. Poser le 1/2 citron sur l'assiette, pour en presser 2 ou 3 gouttes en finition.

Et, bébé suit du doigt la spirale que dessinent les épinards dans le filet de sole.

Les bons points de cette recette

La magie dans l'assiette, créée avec un menu équilibré qui associe les acides gras essentiels d'un poisson blanc maigre, et la richesse en minéraux d'un légume vert. La sole fraîche est tendre (surgelée, elle est plus sèche), et l'épinard fond dans la bouche. Duo ludique pour faire accepter ce légume qui n'a pas toujours la cote…

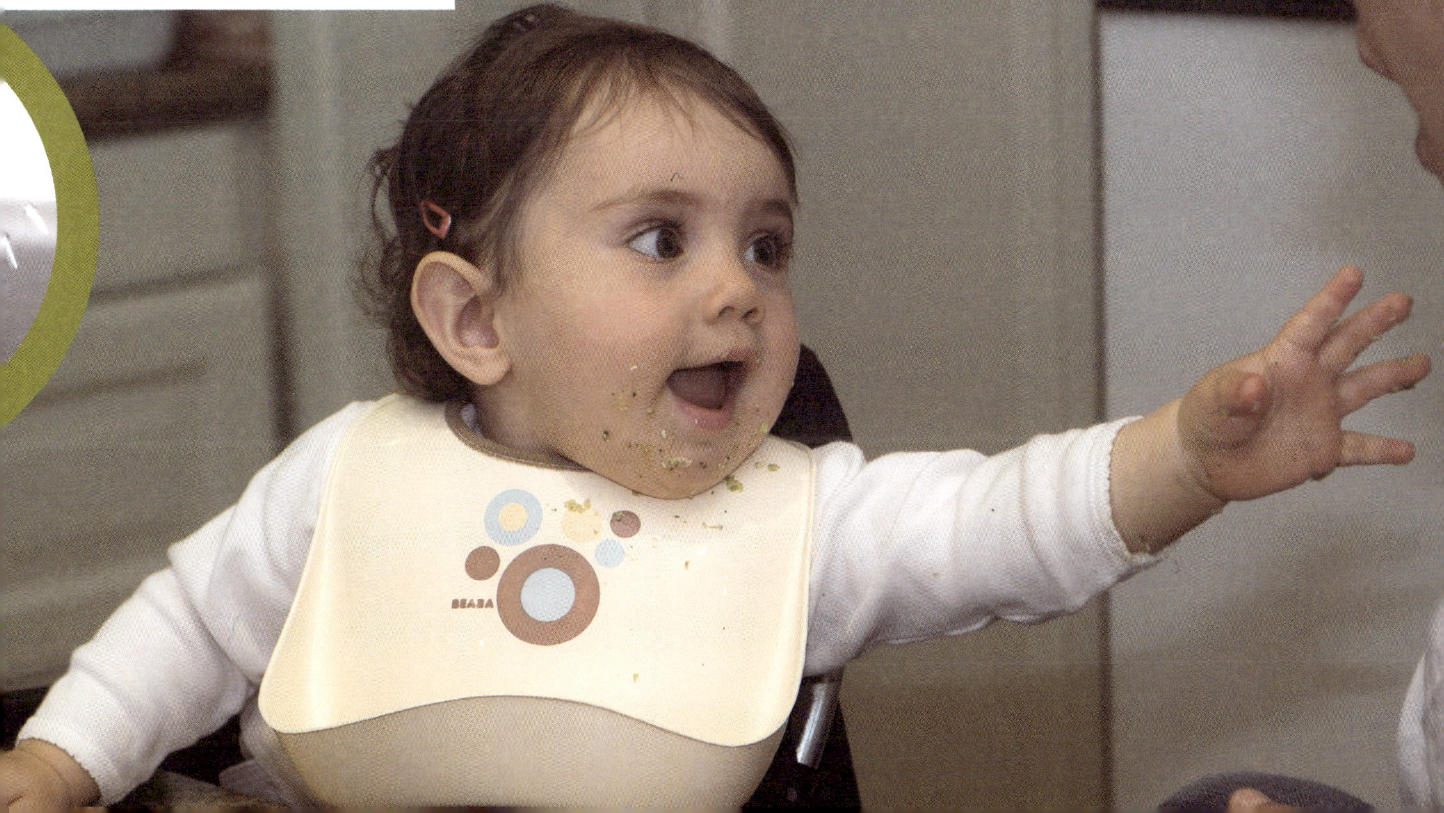

Le conseil du Papa-chef :

Peu importe le poisson choisi, pourvu qu'il soit blanc, fin… et archi-frais. Demandez à votre poissonnier de lever les filets.

Arrivée de la marée
Les poissons
Toutes saisons

12 mois et +

Quenelles de poisson, sauce champignons

[**15** mn pour les quenelles

[**10** mn pour la sauce

Les ustensiles utiles

2 petits saladiers
Papier cellophane
Planche à découper
2 petites casseroles
Bol
2 cuillères à soupe
… ou à café
(selon la grosseur de quenelles voulue)
Écumoir

Les courses pour 1 enfant de 1 an

Pour les quenelles…

[**chez le poissonnier** 60 g de filet de poisson blanc : merlan, colin, sole ou brochet

[**chez le fromager** 30 g de beurre
1 œuf « extra-frais » de poule élevée en plein air
1 cuillère à soupe de crème liquide

[**en épicerie** 1 mini-pincée de sel
1/4 de tour du moulin à poivre blanc

… et pour la sauce

[**au marché** 60 g de champignons de Paris
1 échalotte rose de Jersey
1 brindille de thym

[**chez le fromager** 2 cuillères à soupe de crème liquide
1 noix de beurre

[**en épicerie** 1 mini-pincée de sel
1/4 de tour du moulin à poivre blanc

L'avis de Maman :

Pour gagner du temps, je fais la farce et la sauce la veille (en sortant à l'avance le beurre du réfrigérateur pour qu'il soit tendre) ; je n'ai plus qu'à réchauffer la sauce et finir les quenelles juste avant le repas.

Les bons points de cette recette

Une initiation à la cuisine de chef. Avec une liberté qui permet aux artistes de créer des quenelles fantaisie (façon « souris blanches », par exemple !). Et l'assurance de donner à la becquée toutes les vertus de la mer, même à ceux qui n'aiment pas le poisson : la quenelle qui fond dans la bouche, ça plaît.

La bonne manière

[On prépare d'abord la farce de poisson

Mettre le poisson choisi dans le mixeur pour le hacher (1 impulsion). Ajouter le beurre, y casser l'œuf. Donner une 2ème impulsion. Ajouter la crème, un peu de sel, très peu de poivre. Donner une 3ème impulsion. Goûter pour vérifier l'assaisonnement (selon l'enfant), rectifier si nécessaire. Transvaser dans un saladier, couvrir d'un papier cellophane, mettre en attente au réfrigérateur. Laver le mixeur.

[Pendant que la farce repose, on réalise la sauce champignons

Préparer les champignons : leur enlever la partie terreuse à la base du pied, les laver deux fois dans un bac d'eau fraîche, les couper en deux. Éplucher l'échalotte, et « l'émincer » finement. Mettre une casserole sur feu très doux. Et y faire « suer » 30 secondes l'échalotte et les champignons dans la noix de beurre, sans laisser colorer. Ajouter la crème, le thym, un peu de sel. Laisser cuire 5 mn. Enlever la brindille de thym. Transvaser dans le mixeur. Donner 3 impulsions. Vérifier l'assaisonnement (selon le goût de l'enfant !). Laisser en attente.

[On peut maintenant façonner les quenelles

Pendant que cuisait la sauce, on a mis à chauffer une casserole d'eau légèrement salée, sans la laisser frémir. Sortir la farce de poisson du réfrigérateur. Avec les 2 cuillères (que l'on plonge dans l'eau chaude pour éviter qu'elles collent à la farce), façonner des quenelles, petites ou grosses selon les cuillères choisies. Avec l'écumoire, les mettre à cuire dans la casserole d'eau chaude, en comptant 2 mn par côté pour les gros formats, puis les égoutter. Dans l'assiette creuse destinée au jeune gourmet, déposer les quenelles et les napper de sauce champignons.

[Silence, on déguste !

Arrivée de la marée
Coquillages et crustacés
Hiver

18 mois et +

Coquilles Saint-Jacques en tartare

[**10** mn

Les ustensiles utiles

Pinceau
Petit couteau pointu
Planche à découper
Saladier

Les courses pour 1 enfant de 18 mois

[**chez le poissonnier** 2 belles Saint-Jacques d'Erquy

[**au marché** 1 brin de ciboulette
1 échalotte rose de Jersey

[**en épicerie** 1 ou 2 petits cornichons croquants
1/2 cuillère à café de câpres
1 léger filet d'huile d'olive
1 mini-pincée de sel
1/4 de tour du moulin à poivre blanc

La bonne manière

[Laver soigneusement les noix de Saint-Jacques, avec un pinceau, sous un léger filet d'eau. Puis les coquilles à grande eau courante. Couper gros les cornichons et l'échalotte (dont on n'utilise qu'une pincée). Mettre cornichons, échalotte et câpres dans le mixeur. Donner 1 impulsion. Ciseler fin la ciboulette au couteau, et la garder en attente.

[Couper alors, et alors seulement, les noix de Saint-Jacques en petits morceaux à placer directement dans le mixeur. Mixer (2 impulsions), en remuant entre les deux pour répartir les morceaux. Ajouter la ciboulette, plus le mélange de cornichons, câpres et échalotte. Donner 1 autre impulsion. Transvaser dans un saladier. Assaisonner (à peine, et en goûtant). Incorporer un filet d'huile d'olive. Mélanger.

[Dresser des petits dômes de tartare au cœur des coquilles, et emmener vite Alphonse à la découverte des fruits de la mer...

L'avis de Maman :

Les Saint-Jacques sont difficiles à ouvrir et à décoquiller : je demande à mon poissonnier de le faire pour moi, et j'emporte coquilles et noix séparées.

Le conseil du Papa-chef : *J'utilise ici les coquilles Saint-Jacques bretonnes, d'Erquy, mais vous pouvez les remplacer par les normandes, de Dieppe.*

Les noix de Saint-Jacques surgelées ne convenant pas pour un tartare, attention à les choisir très fraîches (vivantes, la coquille bien fermée, et sans odeur), et à les manipuler le moins possible, juste au moment de servir, car elles sont dégustées crues.

Les bons points de cette recette

La source de santé que sont les coquilles Saint-Jacques durant leur saison, de fin-septembre à mars.

La saveur et la fermeté de leur chair, qui séduit d'emblée l'enfant dans son approche des coquillages et crustacés. L'âge venu. Car leur teneur en iode peut provoquer des allergies chez un trop petit ; on attend ses 18 mois (au moins) et on commence par un banc d'essai. Avec une prudence de marin.

Cueillettes d'ici et d'ailleurs : à la ronde des fruits de saison, répond un choix de fruits exotiques tout au long de l'année... On peut y avoir ses préférences, même quand on est haut comme trois pommes ; mais de mémoire de mère, on n'a jamais vu d'enfant rejeter les fruits en bloc. Et c'est heureux.

Parce que les fruits frais sont une belle et bonne source d'eau, de vitamines et de fibres. De cette vitamine C surtout, si précieuse pour stimuler l'organisme, son métabolisme et ses défenses immunitaires – dans les fruits rouges et les agrumes, avec des sommets dans le kiwi et le cassis. De carotènes belle mine aussi, dans les fruits couleur soleil : orange, abricot, mangue.... Et de fibres (pectine entre autres), dont l'influence rapide sur le transit intestinal appelle les mamans à gérer avec sagesse la consommation des fruits l'été : même par temps chaud, point trop n'en faut !

On trouve de tout cela dans les légumes aussi, mais ils ne sont pas sucrés, eux !

Le goût sucré des fruits est leur attrait majeur dès que le bébé les goûte, cuits, vers 4 mois, quand leurs fibres sont tendres (sinon, on les échelonne jusqu'à 15 mois), mais pas avant 6 mois et avec prudence quand il y a risque d'allergies (fraises).

En revanche, peu de glucides dans leurs atouts nutritionnels, sauf exception comme la châtaigne ou la banane. Pas de protéines.
Et des lipides seulement dans les fruits secs... pour compenser leur manque d'eau : amandes, noix, noisettes, pignons...

Les fruits du verger et des bois, les baies des haies, se ramassent ou se choisissent bien mûrs – surtout l'abricot, qui ne mûrit plus une fois cueilli, contrairement à la poire... Mûrs donc, mais pas trop : intacts. Et odorants pour qu'ils soient sucrés à en attirer les abeilles sur l'arbre, le buisson ou l'espalier.

Les fruits des tropiques, eux, s'achètent en connaisssance de cause : jaune et tigrée, la banane ; frais et parfumé, le plumet fier et son ticket de « voyage en avion » sur lui, pour l'ananas ; souple la mangue, qu'elle soit de variété verte ou jaune ; et ferme le kiwi, qui mûrira à son rythme, au voisinage d'une pomme...

Tous les fruits sont fragiles : à manier avec délicatesse pour éviter les marques de doigt ; à conserver (un peu, pas plus !) à l'air libre, au frais mais pas au réfrigérateur s'ils contiennent de l'eau – et ils en regorgent presque tous... À laver avant de les peler et les couper en morceaux pour les cuire puis les mixer - et on va accompagner le bébé un bon moment avec les fruits cuits, pour y revenir en cas de soucis digestifs.

Rafraîchissants, désaltérants, stimulants, dépuratifs souvent, les fruits frais sont toujours bien tolérés (et appréciés) en soupe, compote, ou marmelade. Mieux : le coing (qui ne se mange que cuit, lui !) est un précieux « antidote » en cas « d'orgies » chez les plus grands qui peuvent atteindre seuls les plateaux ou les paniers...

103 Paniers de cueillettes

Le conseil du Papa-chef :

Vous pouvez servir la compote de coing en dessert, et son jus de cuisson au goûter, au verre ou au biberon. Avec du pain d'épices pour les grands.

6 mois et +

Compote de coing

[**20 mn**

Les ustensiles utiles

Planche à découper
Petit couteau pointu
Bol

Les courses pour 1 enfant de 1 an

[**au marché** 1 coing un peu mûr
quelques gouttes de citron

[**en épicerie** 1 petite cuillère de sucre en poudre

Les bons points de cette recette

Par sa richesse en fibres douces, le coing est aussi précieux que le riz ou les carottes en cas de soucis intestinaux. Et plus apprécié par les gourmands puisqu'il n'est servi qu'en recettes sucrées… comme celle-ci.

La bonne manière

[Laver le coing, le peler, le couper en quatre, enlever son cœur et ses grains. Passer les quarts au citron pour éviter qu'ils noircissent. Les découper en petits dés.

[Dans le panier à vapeur, mettre les dés de coing, le sucre, et 2 ou 3 gouttes de citron, à cuire 15 mn (niveau d'eau 3). Verser le jus de cuisson dans un bol. Transvaser les dés dans le mixeur. Mixer (3 impulsions), en ajoutant un peu de jus entre chaque impulsion, pour obtenir la consistance bien lisse d'une compote.

[Qu'en dit-on ?

Mamie a dit :

Je remplace la pêche par de la pomme pour en garnir des petits chaussons en pâte feuilletée.

Paniers de cueillettes

Les fruits du verger

Printemps - Été

6 mois et +

Compote de pêches à la vanille

[**25** mn

Les ustensiles utiles

Petit couteau
Bol
Morceau d'étoffe (lin, jute, étamine)
Ficelle de cuisine

Les courses pour 1 enfant de 1 an

[**au marché** 2 pêches jaunes d'Ardèche, à point

[**en épicerie** 1 gousse de vanille des îles
2 grains de poivre noir de Sarawak
30 g de sucre semoule

Les bons points de cette recette

Une recette fraîche par temps chaud, avec des fruits cuits pour ménager le système digestif ; plus un duo de parfums exotiques, pour faire chanter le goût de la pêche : la vanille, de Madagascar ou d'Australie ; et, plus osé (mais à tester), le poivre de Malaisie, en note discrète qu'apprécient souvent les futurs gourmets...

La bonne manière

[Préparer une petite bourse de tissu, y placer les 2 grains de poivre, et la ficeler.

[Laver les pêches sous l'eau courante et les peler (pour que la peau se détache facilement, les connaisseurs glissent d'abord le dos du couteau sur toute la pêche). Couper chaque pêche en quatre, enlever le noyau, et placer les morceaux de pulpe dans le panier à vapeur. Poser dessus la gousse de vanille et la bourse de poivre. Cuire 15 mn (niveau d'eau 3).

[La cuisson terminée, retirer la gousse de vanille et le poivre, et mettre de côté le jus de cuisson dans un bol. Fendre la gousse de vanille, et en racler la pulpe avec le couteau. Transvaser les pêches cuites dans le mixeur ; saupoudrer avec le sucre et juste une pointe de la vanille ; mixer (1 impulsion) ; goûter pour vérifier que le goût de la vanille est suffisant, sinon en rajouter un soupçon ; vérifier aussi que la consistance, avec ses petits morceaux, correspond à l'étape de développement du bébé, sinon, ajouter un peu de jus de cuisson, et donner 1 autre impulsion pour lisser la compote.

[**Servir tiède ou froide, selon l'instant.**

Le conseil du Papa-chef :

Ayez la main légère avec la vanille : elle doit soutenir le goût de la pêche, mais ne pas prendre le dessus. Et déclinez cette recette avec d'autres fruits, la poire par exemple.

8 mois et +

Granité de cerises…

[10 mn, puis 30 mn au congélateur

Les ustensiles utiles

Dénoyauteur
Petit couteau pointu
Petite casserole
Cuillère en bois
Fourchette
Petit plat à rebord
(long d'environ 10 cm)

Les courses pour 1 enfant de 1 an

[au marché 200 g de cerises noires Burlat
2 ou 3 gouttes de citron

[en épicerie 1 dl d'eau peu minéralisée
10 g de sucre semoule

La bonne manière

[Laver les cerises sous l'eau courante. Les « équeuter » ; puis ôter leur noyau avec le dénoyauteur (ou en les ouvrant au couteau). Les placer dans le mixeur et donner 1 impulsion, une seule, pour garder quelques petits morceaux de fruit.

[Verser l'eau et le sucre dans la casserole ; mettre sur feu doux jusqu'à ébullition ; arrêter le feu, et mélanger dans ce sirop les cerises déjà mixées, en ajoutant 2 ou 3 gouttes de citron.

[Verser le tout dans le plat à rebord, que l'on met directement au congélateur. 30 mn (minimum) après, le sortir, et gratter le « glacé » avec la fourchette pour obtenir les morceaux de granité recherchés.

Les bons points de cette recette

Recette légère et digeste, fraîche et sucrée ; dynamisante aussi, car la cerise a du tonus. Facile à réaliser, qui plus est. Et facile à manger… en prenant garde au jus qui tache !

Le conseil du Papa-chef :

En dessert surprise pour les plus grands, essayez ce granité sur un clafoutis aux cerises, pour une déclinaison « cru sur cuit » inattendue, qui sera appréciée.

L'avis de Maman :

Deux en-cas fraîcheur d'un joli effet, précieux pour hydrater en douceur les jours de grande chaleur (avec la pastèque, surtout, hyper-riche en eau).

… et Granité de pastèque

La bonne manière

[L'été, transposez en « Granité de pastèque ». Prenez 1 tranche de pastèque ; séparez la pulpe de la peau en ôtant les pépins, et découpez-la en morceaux ; mixez (1 impulsion) et mélangez avec le sirop ; congelez, puis grattez…

Alphonse ?
Il applaudit le hérisson, mais accepte de picorer ses « piquants » ; et déguste la marmelade en plissant les yeux de plaisir.

6 mois et +

Mangue en hérisson et marmelade

[**15** mn

Les ustensiles utiles

Papier absorbant
Planche à découper
Petit couteau pointu

Les courses pour 1 enfant de 1 an

[**au marché** 1 mangue d'Asie du Sud-Est

[**en épicerie** un peu de sucre, facultatif

La bonne manière

[Essuyer la mangue avant de la couper en deux dans le sens de la longueur, et d'en retirer le noyau.

[**Chaque moitié va être traitée différemment :** la première moitié va devenir hérisson. En quelques lignes de couteau et un jeu de pouces : avec le couteau, on trace dans la pulpe un quadrillage profond jusqu'à la coque de peau ; avec les pouces, on retourne cette coque, ventre dehors. Et le tour est joué.

[**La seconde moitié va se transformer en marmelade :** on la pèle, on coupe sa pulpe en morceaux, à placer dans le panier à vapeur pour 10 mn de cuisson (niveau d'eau 2). Jeter le jus de cuisson. Transvaser dans le mixeur. Mixer légèrement (1 impulsion) pour garder des petits morceaux fondants. Goûter, et si besoin, saupoudrer d'un peu de sucre.

[Placer le hérisson au cœur de l'assiette à dessert de Monsieur Bébé, disposer la marmelade autour. Et guetter la réaction !

Le conseil du Papa-chef :
Pourquoi une mangue jaune d'Asie du Sud-Est ? Parce qu'elle est plus parfumée ; et que parfum et consistance sont l'essence même de cette recette, qui peut se décliner en deux desserts.

Les bons points de cette recette

Drôle à regarder, facile à réaliser, délicieuse à manger, légère à digérer, et bonne pour la santé (bon pied, bon œil, avec la provitamine A) : de la belle humeur sur toute la ligne !

L'avis de Maman :

Pour une touche de croquant, j'émiette des gâteaux secs entre chaque couche, des Mjut Pepparkakor surtout, ces gâteaux à la cannelle suédois qui se prononcent « pepacoca », et qui sont les préférés d'Alphonse.

Paniers de cueillettes
Fruits exotiques
Toutes saisons

8 mois et +

Assiette des îles

[**15** mn

Les ustensiles utiles

Planche à découper
Petit couteau pointu
Cuillère à café
Coupelle transparente

Les courses pour 1 enfant de 1 an

[**au marché** 1/2 kiwi
1/2 fruit de la passion
1/4 d'un petit ananas Victoria
1/4 d'une papaye
1/4 d'une mangue Alfonso (si possible)

Les bons points de cette recette

Une recette rafraîchissante, appétissante, car éclatante de couleurs… si l'on respecte l'ordre des opérations, à mener avec délicatesse.

Et un cocktail de vitamines (C, surtout), sucres et fibres douces, si les fruits sont choisis bien mûrs, sauf l'ananas qui doit être frais, et le kiwi, qui aura été acheté plus tôt, ferme, pour mûrir à la maison.

La bonne manière

[On lave tous les fruits sous l'eau courante, avant de les éplucher au couteau.

[Couper en deux le kiwi et le fruit de la passion ; en quatre, dans le sens de la longueur, la mangue dont on retire le noyau, l'ananas dont on enlève la partie centrale dure et la papaye dont on ôte les pépins à la cuillère. On met de côté pour une autre recette (une salade de fruits exotiques pour les grands ?), les parties inutilisées ici.

[Puis on va jouer les couleurs, en traitant les fruits l'un après l'autre, pour les disposer en couches superposées dans la coupelle, selon l'harmonie recherchée. On commence par le 1/2 kiwi ; on le coupe en morceaux, que l'on met dans le mixeur ; on le mixe (1 impulsion) ; on le retire à la spatule pour le déposer dans la coupelle ; on le remplace dans le mixeur par le 1/4 de mangue.

[Et on répète l'opération avec le 1/4 d'ananas, puis le 1/4 de papaye, ensuite le 1/2 fruit de la passion.

[Puis on admire son œuvre. À deux.

Le conseil
du Papa-chef :

Un frais dessert des tropiques qui n'a pourtant pas son pareil pour réchauffer les yeux et le cœur les jours d'hiver ! Et si j'essaie de trouver de la petite mangue Alfonso, considérée comme la meilleure en Inde, c'est en clin d'œil à Alphonse, bien sûr…

Il y a belle lurette que l'on ne prive plus les enfants de dessert. Heureusement : pensé pour équilibrer le menu, et confectionné avec amour (bien sûr), c'est... la cerise sur le gâteau !

Sa saveur, tant attendue, doit être un délice. Mais un délice subtil. Grâce au fructose d'un fruit bien mûr, à une pointe de vanille, ou, après 6 mois (seulement), à un soupçon de miel, de sucre blanc ou roux, pour lequel il est recommandé d'avoir la main très légère... Afin d'orienter le goût, dès la petite enfance, vers une sensibilité de gourmet.

Sa palette nutritionnelle doit être composée avec art. Il ne s'agit pas d'élaborer des palais de Dame Tartine, mais de fines gourmandises qui puissent s'inviter seules au goûter comme au brunch du dimanche, ou compléter avec bonheur le repas.

Ces gourmandises peuvent apporter des protéines et glucides précieux pour ne pas rester sur un petit creux après un déjeuner « très légumes ». Avec des gâteaux suédois à la cannelle, pancakes au sirop d'érable, cookies au chocolat, crêpes and Co... dont la pâte aura été réalisée en deux temps, trois mouvements, au Babycook.

Ou un ensemble eau-vitamines–fibres dynamisant après un dîner de pâtes. Avec une assiette des îles, une mangue en hérisson et marmelade, un granité de pastèque ou de cerise, voire un crumble fraises-rhubarbe ou tout framboises...

Et bien entendu le fameux duo protéines-calcium des laitages quand désiré. Avec du fromage blanc aux miettes de noix - et leurs lipides en plus !

Ou mieux : une harmonie bonne et jolie, entre fruits et laitages, dans la carte des « yaourt-shakes » créée par le Papa-chef en transposant le milk-shake dans un registre « spécial bébé », avec une ribambelle de fruits cuits, puis crus quand l'âge sera venu.

« Il » est gourmand comme un chat ? Alors, « il » va s'en dessiner les moustaches !

Desserts et goûters

Mamie a dit :

Attention à ce que les grains de crumble soient bien fins, pour éviter toute « fausse route » !

12 mois et +

Crumble fraises - rhubarbe

Les bons points de cette recette

Craquante et fondante, rose et verte, douce et acide, elle éveille les sens ! Sucrée, elle satisfait les explorateurs en gastronomie. Équilibrée en nutriments, elle tranquillise leurs parents.

Le conseil
du Papa-chef :

Gardez quelques fraises avec leurs feuilles dans la préparation : cela favorise leur conservation. Et veillez à ce que le goût sucré des fraises prédomine sur l'acidité de la rhubarbe.

Pour que le beurre soit tendre, le sortir à l'avance du réfrigérateur. En variantes, remplacez les fraises par 160 g de fraises des bois (Mara), ou 160 g de framboises.

[**1h 20** mn

Les ustensiles utiles

3 petits saladiers
Papier cellophane
Bol
Petit couteau pointu
Cuillère à soupe
Papier sulfurisé
Plaque de four
Coupelle transparente

Les courses pour 1 enfant de 1 an

[**au marché**
160 g de fraises Gariguettes bien mûres
150 g de rhubarbe

[**en épicerie**
230 g de sucre roux
50 g de poudre d'amande
50 g de beurre
50 g de farine tamisée

La bonne manière

[**Préparer la pâte :** placer le beurre, la poudre d'amande, la farine et 50 g de sucre dans le mixeur. Mélanger (2 impulsions) pour obtenir une pâte sablée, assez granuleuse. Transvaser dans un saladier, recouvrir d'un papier cellophane, laisser reposer une petite heure au réfrigérateur. Pendant ce temps, laver le mixeur ; préchauffer le four à 180 °C (th. 5).

[**Et préparer les fruits :** laver d'abord les fraises sous l'eau courante, les « équeuter », les placer dans le panier à vapeur. Saupoudrez d'une partie du sucre (70 g). Cuire 10 mn (niveau d'eau 2). Verser dans un bol un peu (très peu) de jus de cuisson, à joindre aux fraises cuites que l'on transvase dans le mixeur. Mixer (1 impulsion) pour obtenir une marmelade (pas une soupe !) ; verser dans un saladier ; mettre à rafraîchir 15 mn environ au réfrigérateur. Laver les tiges de la rhubarbe sous l'eau courante, et les éplucher (en tirant bien les fils pour les éliminer). Les couper en petits dés, à placer dans le panier à vapeur avec le sucre restant (110 g). Cuire 15 mn (niveau d'eau 3). Garder 1 cuillère à soupe de jus de cuisson, à joindre à la rhubarbe que l'on transvase dans le mixeur. Mixer (1 impulsion) pour obtenir une marmelade. Verser dans un saladier ; mettre à refroidir 15 mn au réfrigérateur.

[**Pour finaliser le crumble (une fois la pâte reposée) :** abaisser le four à 150 °C (th. 3). Placer une feuille de papier sulfurisé sur la plaque. Dessus, émietter en petits grains la pâte sortie du réfrigérateur. Enfourner pour 20 mn de cuisson. Puis laisser refroidir. Dans la coupelle transparente, superposer une couche de marmelade de fraise (2 cuillères à soupe), une couche de rhubarbe (2 cuillères à soupe), puis les grains de « crumble ».

[C'est joli, non ?

Maman tartine les crêpes des plus jeunes avec de la confiture de myrtilles ou de mûres, de la gelée de coing ou de la crème de marrons.

Desserts et goûters
Gourmandises
Hiver

12 mois et +

Crêpes de la Chandeleur…

[**5** mn, plus la cuisson

Les ustensiles utiles
Poêle anti-adhésive
Pochon (petite louche)
Papier absorbant
1 assiette creuse
1 assiette plate
Torchon

Les courses pour 1 enfant de 1 an

[**chez le fromager** 1 œuf « extra-frais » de poule élevée en plein air

[**en épicerie** 30 g de farine
15 g de beurre
8 cl de lait de croissance
… et pour la poêle : huile de pépins de raisin

La bonne manière

[**Pour préparer la pâte.** Mettre la farine, le lait et le beurre dans le mixeur. Y casser l'œuf. Mixer (3 impulsions) et, si besoin, détendre la pâte avec 1 cuillère à soupe d'eau peu minéralisée. Inutile de la laisser reposer.

[**Pour la phase cuisson.** Faire chauffer la poêle. Verser un peu d'huile dans une assiette creuse, et en imprégner légèrement du papier absorbant pour graisser la poêle chaude. Verser un pochon de pâte dans la poêle en la tournant de gauche à droite. Laisser dorer 1 minute. Retourner la crêpe (en la faisant sauter quand on gagne de l'aisance, pour ébahir le jeune public), et laisser dorer l'autre face. La faire glisser sur une assiette et la recouvrir d'un torchon pour éviter qu'elle ne se dessèche.

[Répéter le scénario complet pour chaque crêpe.

... et crêpes à l'orange

Vos crêpes prêtes, faites fondre 50 g de beurre dans une casserole à feu doux ; quand il prend de la couleur, saupoudrez d'une petite cuillère de sucre, et laissez caraméliser doucement ; ajoutez alors le jus d'une orange pour « déglacer ». Versez dans un plat creux, disposez les crêpes dedans et pliez-les, afin qu'elles s'imbibent bien.

Les bons points de cette recette

Elle fait des heureux à tout coup, et à tous âges. Le (ou la) cuisinier(ière), parce qu'elle est facile-facile, et que l'on a presque toujours les ingrédients sous la main. Le (les) convive(s), parce qu'elle est si bonne qu'on en redemande. Tant mieux, car elle apporte les protéines et les sucres lents qui assurent une énergie longue distance, plus un bon sommeil le soir.

Comme avec le BabyCook il est inutile de laisser reposer la pâte avant de cuire les crêpes, on peut les mettre au menu sur une impulsion de dernière minute. Si le beurre n'est pas trop froid, donc dur…

Le conseil du Papa-chef :

Pensez à ajouter une pincée de sel dans le blanc d'œuf pour qu'il soit bien serré. À la place du sirop d'érable, vous pouvez saupoudrer les pancakes de sucre glace.

12 mois et +

Pancakes au sirop d'érable

[**15** mn (+ **1** h)

Les ustensiles utiles

Saladier
Fouet
2 bols
Assiette creuse
Papier absorbant
Petite poêle anti-adhésive « à blinis » à manche amovible
Pochon
Spatule en bois

Les courses pour 1 enfant de 1 an

[**chez le fromager** 1 œuf « extra-frais » de poule élevée en plein air

[**en épicerie** 30 g de sucre blanc en poudre
150 g de farine tamisée
25 g de levure chimique
4 cuillères à soupe de lait de croissance
1 cuillère à café d'huile de pépins de raisin
1 cuillère à café de sirop d'érable du Canada
… ou de sucre glace

La bonne manière

[**Pour préparer la pâte,** commencer par « clarifier » l'œuf, en séparant le blanc du jaune. Placer dans le mixeur la farine, le sucre et la levure. Mixer (1 impulsion). Ajouter le jaune d'œuf, mixer une 2ème fois (1 impulsion). Incorporer le lait et mixer une 3ème fois (2 impulsions). Transvaser dans le saladier et laisser reposer une bonne heure à température ambiante. Préchauffer le four à 180 °C (th. 5). Battre le blanc en neige pour l'incorporer délicatement dans la pâte une fois qu'elle est reposée.

[**À la cuisson maintenant :** faire chauffer la poêle. Verser un peu d'huile dans une assiette creuse, et en imprégner légèrement du papier absorbant pour graisser la poêle chaude. Couper le feu. Verser un tout petit pochon de pâte dans la poêle et… mettre la poêle dans le four. La pâte va se colorer et monter. Quand elle arrive à hauteur de la poêle, retourner le pancake avec la spatule. Quand l'autre face est dorée (3 mn de cuisson environ), sortir le pancake et laisser glisser dans l'assiette de l'enfant.

[Faire couler le sirop d'érable sur le pancake tiède, croustillant à l'extérieur, moelleux à l'intérieur. C'est à se lécher les babines…

Alphonse aime voir couler le sirop d'érable en petits ruisseaux sur les pancakes encore chauds.

Les bons points de cette recette

Les classiques du brunch britannique du dimanche matin… oui, mais traduits par le Papa-chef : encore meilleurs que les pancakes made in England qu'Alphonse a connus chez ses cousins à Londres.

Glucides de la farine, vitamines B de la levure, alliance protéines-calcium-fer-acides gras essentiels du lait, et le tout-complet de l'œuf : bon départ pour une journée active !

Le sirop d'érable, (maple syrup), doré et sucré, « à la saveur des bois », remplace le miel au Canada. Avec les mêmes qualités (glucides simples et vitamines). Donne une vraie forme de bûcheron !

Le conseil
du Papa-chef :

Accompagnez les cookies d'un « yaourt-shake », ils vont si bien ensemble. Vous pouvez aussi remplacer le chocolat noir par du chocolat blanc ; ou les panacher dans la même pâte.

18 mois et +

Cookies au chocolat

[30 mn

Les ustensiles utiles

Planche à découper
Petit couteau pointu
Bol
Cuillère à soupe
Plaque du four
Feuille de silicone
... ou de papier sulfurisé

Les courses pour 1 enfant de 18 mois

[**au marché** 70 g de noix de pécan

[**en épicerie** 130 g de farine tamisée
140 g de sucre roux en cassonade
140 g de chocolat noir (ou blanc)
90 g de beurre
1 cuillère à café rase de sel

Les bons points de cette recette

Une recette pour les jours où l'on s'emmitoufle jusqu'au bout du nez !

La bonne manière

[Préchauffer le four (à 120 °C, th. 2). Et préparer, sur la plaque, la feuille de silicone ou de papier sulfurisé.

[Placer les noix dans le mixeur (2 impulsions), et transvaser les « miettes » dans un bol. Couper (« concasser ») de gros morceaux de chocolat au couteau. Mettre dans le mixeur le beurre et le sucre, pour 1 impulsion. Ajouter la farine et le sel ; donner 1 impulsion. Ajouter les noix et le chocolat concassés ; donner 2 impulsions.

[Avec cette pâte, on façonne sur la planche à découper, à l'aide de la cuillère à soupe, des boudins de 4 cm de long, dans lesquels on tranche des rondelles de 1 cm d'épaisseur. Déposer ces rondelles sur la feuille en silicone ou en papier sulfurisé posée sur la plaque du four. Monter le four à 200 °C (th. 6). Cuire 20 mn environ.

[**Et... Servir tiède, pour les manger aussitôt, c'est si bon !**

Le conseil
du Papa-chef :

En Suède, on accompagne ces gâteaux secs, d'un verre de « Fläder Saft », sirop de sureau et d'airelles, sucré et amer en même temps, qui se boit très frais avec de l'eau... Alors, cherchez avec vos jeunes dégustateurs le sirop qui conviendra le mieux.

12 mois et +

Petits gâteaux à la cannelle

[**20** mn (+ **3** h de repos)

Les ustensiles utiles

Saladier
Papier cellophane
Feuille de silicone ou papier sulfurisé
Plaque du four
Emporte-pièces cannelé
Planche à pâtisserie

Les courses pour 1 enfant de 1 an

[**en épicerie**
1 cuillère à soupe de cannelle en poudre
1/2 cuillère à café de clous de girofle en poudre
1/2 cuillère à café de gingembre en poudre
1 cuillère à soupe de farine tamisée
2 cuillères à soupe de sucre blanc en poudre
100 g de beurre

[**chez le fromager**
2 œufs « extra-frais » de poule élevée en plein air
1/2 cuillère à soupe de crème fraîche épaisse

Les bons points de cette recette

Ronds et dentelés, fins et légers, les Mjut Pepparkakor (prononcez « pepacoca ») sont les gâteaux préférés des enfants suédois – et pas seulement des enfants ! Mi, la maman d'Alphonse, dit qu'ils ont « le goût de la bruyère de Scannie ». Pleins de vertus aussi : la cannelle apaise le tube digestif ; le gingembre facilite la digestion ; le clou de girofle guérit les maux de dents et stimule l'appétit... Entre autres !

La bonne manière

[Sortir le beurre à l'avance pour qu'il soit tendre.

[**Préparer la pâte :** mettre dans le mixeur la farine, le sucre et le beurre. Donner 2 impulsions. Ajouter la crème et les épices ; y casser les œufs entiers ; et donner 2 autres impulsions. Transvaser la pâte dans le saladier et recouvrir de cellophane. Laisser reposer 3 heures environ au réfrigérateur.

[Préchauffer le four (à 200 °C, th. 6). Placer la feuille de silicone ou de papier sulfurisé sur la plaque hors du four.

[Quand la pâte est reposée, l'étendre sur la planche à pâtisserie, en 4-5 mm d'épaisseur. La découper avec l'emporte-pièces et poser directement les gâteaux sur la feuille de silicone (ou sulfurisée). Faire tomber la température du four à 180 °C (th. 5). Enfourner la plaque pour 15 mn de cuisson.

[**Et laisser tiédir avant de goûter, voyons !**

Le conseil du Papa-chef :

À vous de décliner ces recettes avec des mûres, prunes, mirabelles, pêches, abricots, ou un fruit de la passion. Le sucre nécessaire dépend de la maturité des fruits… et des goûts du bébé.

6 mois et +

Yaourt-shakes à la carte

[5 mn

Les ustensiles utiles

Petit couteau
Planche à découper
Cuillère à soupe
Cuillère à café
Verre (incassable)

[à la base 1 yaourt « spécial bébé » pour les 6-12 mois
ou 1 yaourt au lait entier après 1 an
… et 1 cuillère à soupe de glace pilée

Yaourt-shake banane – fraises

Les courses pour 1 enfant de 1 an

1/2 grande banane, mûre
1 dizaine de fraises Gariguettes
… et 1 cuillère à café (environ) de sucre blanc en poudre

Les bons points de cette recette

Bon mariage en rose ! La consistance plaît : la banane est aimée des bébés. L'apport nutritionnel est riche : l'amidon et le potassium de la banane complètent la vitamine C de la fraise.

Test d'allergie à la fraise déjà fait bien sûr.

La bonne manière

Laver les fraises, puis les « équeuter » et les couper en deux. Peler la banane, puis la couper en rondelles. Mettre dans le mixeur. Mixer léger (1 courte impulsion). Ajouter le yaourt, la glace pilée, le sucre. Donner 1 autre impulsion. Verser dans un verre, et servir.

Yaourt-shake fraises – kiwi

Les courses pour 1 enfant de 1 an

1 petit kiwi, mûr
1 dizaine de fraises Gariguettes
… et 1 cuillère à café (environ) de sucre blanc en poudre

Les bons points de cette recette

Un super concentré de vitamines – vitalité, où domine la vitamine C…

Évidemment on a d'abord vérifié qu'il n'y a pas d'allergie à la fraise.

La bonne manière

Laver les fraises, puis les « équeuter » et les couper en deux. Laver et enlever la peau du kiwi, puis le couper en rondelles. Mettre dans le mixeur. Mixer léger (1 courte impulsion). Ajouter le yaourt, la glace pilée, un peu de sucre. Donner 1 autre impulsion. Goûter, rajouter éventuellement du sucre. Verser dans un verre, et servir.

Yaourt-shake - framboises

Les courses pour 1 enfant de 1 an

10 g de framboises mûres
… et 1 cuillère à café (environ) de sucre blanc en poudre

Les bons points de cette recette

Joli rose, et belle dose de vitamine C.

La bonne manière

Laver délicatement les framboises, puis les mettre dans le mixeur. Mixer léger (1 courte impulsion). Ajouter le yaourt, la glace pilée, un peu de sucre (très peu si les framboises sont bien mûres). Donner 1 autre impulsion. Goûter, rajouter éventuellement du sucre. Verser dans un verre, et servir.

Yaourt-shake - cassis

Les courses pour 1 enfant de 1 an

2 cuillères à soupe de grains de cassis
… et 1 cuillère à café (environ) de sucre blanc en poudre

Les bons points de cette recette

On dit que le cassis a la particularité de garder intacte sa vitamine C en toutes circonstances. Précieux pour l'hiver !

La bonne manière

Laver les grains de cassis, puis les mettre dans le mixeur. Mixer léger (1 impulsion). Ajouter le yaourt, la glace pilée, un peu de sucre. Donner 1 autre impulsion. Goûter, rajouter éventuellement du sucre. Verser dans un verre, et servir.

Yaourt-shake figue - miel

Les courses pour 1 enfant de 3 ans

1 belle figue violette de Provence, bien mûre
… et 1 cuillère à soupe de miel blanc du Gâtinais

La bonne manière

Laver la figue, la peler, la couper en morceaux, à mettre dans le mixeur. Mixer (1 impulsion). Ajouter le yaourt, la glace pilée, le miel. Donner 1 autre impulsion. Verser dans un verre, et servir.

Les bons points de cette recette

Une recette d'automne, hyper-nourrissante, à réserver aux « sportifs » de 3 ans et plus : la figue est très riche en sucre (et précieuse par ses fibres), le miel aussi.

Les bons mots en cuisine

L'interprétation BabyCook Book du nom des plats...

... pouvant être bus au biberon, ou mangés à la cuillère :

- **Bouillon** (de brocoli) : jus de cuisson fluide
- **Gaspacho** (de tomate et concombre) : soupe froide de légumes d'été
- **Lait** (de rougette ou de laitue verte) : bouillon, avec un ajout de lait
- **Soupe** : légumes cuits et passés, de consistance plus ou moins fluide
- **Velouté** : soupe lisse

... à manger à la cuillère

- **Brandade** : mélange poisson – pomme de terre
- **Caviar** (d'aubergine) : marmelade salée
- **Compote** : fruits cuits mixés
- **Crumble** : grains de pâte croquante sur compote de fruits
- **Flan** : préparation à base de laitages et d'œuf
- **Fondue** (de tomate) : fine marmelade salée
- **Gnocchi** : pâte de fromage
- **Granité** : sirop léger, mis au congélateur, puis gratté en grains à la fourchette
- **Gratin** : préparation passée au grill pour dorer (et cuire, éventuellement)
- **Marmelade** : compote peu mixée, contenant des morceaux
- **Mousse** : consistance homogène et aérienne
- **Potage** : légumes cuits et non passés
- **Purée** : légume(s) cuit(s) et mixé(s)
- **Quenelle** : mousseline de poisson
- **Tartare** : poisson ou viande haché(e) cru(e) avec condiments
- **Yaourt-shake** : version « yaourt » du milk-shake

...à manger à la fourchette

- **Carpaccio** : pièce taillée très fin, marinée et cuite par la marinade
- **Craquelin** : préparation moelleuse à l'intérieur, croustillante à l'extérieur

Les bons mots en cuisine :

- **À l'anglaise** : mettre un aliment dans une casserole d'eau bouillante, puis l'en retirer
- **Blanchir** : mettre un aliment dans une casserole d'eau froide jusqu'à ébullition, puis l'en retirer
- **Brunoise** : présentation en tout petits dés
- **Ciseler** : « émincer » ou « tailler » très fin, au couteau ou aux ciseaux, des herbes, de l'échalotte, de l'oignon
- **Clarifier un œuf** : séparer le blanc du jaune
- **Concasser** : couper en morceaux irréguliers (= hacher fin)
- **Détendre** : ajouter un peu de liquide dans une préparation jugée trop ferme
- **Émincer** : couper en tranches très fines au couteau
- **Équeuter** : enlever les queues ou les tiges (d'un légume, d'un fruit)
- **Farce** : toute préparation salée hachée
- **Julienne** : présentation d'aliments taillés en filaments (carottes râpées)
- **Monder** : pour retirer plus facilement la peau d'une tomate, la plonger 30 secondes dans de l'eau bouillante puis dans de l'eau froide
- **Mouiller** : ajouter du liquide à hauteur (à ras) des aliments
- **Pocher** : cuire dans un liquide chaud
- **Réserver** : mettre en attente
- **Suer** : cuire un aliment quelques secondes, sans coloration, dans du beurre ou de l'huile en remuant
- **Tailler** : couper en morceaux au couteau, selon une technique (en julienne, ou en brunoise)

Les ustensiles utiles au Papa-chef

• Assiette creuse • Assiette plate • Bac (bassine) • Bol (ou tasse) • Casseroles (petite et moyenne)
• Chinois • Ciseaux • Coupelle transparente • Cuillère en bois • Cuillère à café • Cuillère à soupe
• Cuillère « à pomme parisienne » • Dénoyauteur • Économe • Écumoire • Emporte-pièces cannelé (dentelé)
• Feuille et moules en silicone • Ficelle de cuisine • Film étirable • Fouet • Fourchette • Mandoline
• Papier absorbant • Papier cellophane • Papier sulfurisé • Passoire • Petit couteau pointu (dit couteau « d'office »)
• Petit couteau à lame souple • Pinceau • Piques à olive en bois • Planche à découper • Planche à pâtisserie
• Plaque du four • Plat à gratin (ou plat à rebord) • Pochon (petite louche) • Poêle anti-adhésive
• Poêle à blinis • Pots et coffrets à couvercle pour conservation au congélateur • Ramequin
• Râpe à fromage • Saladiers (petit et moyen) • Tissu (petit morceau d'étamine, de lin ou de jute) • Verre

Et puis aussi : • Panier à vapeur... • Spatule en plastique... • ... et mixeur Baby Cook !

Plus tablier, torchons, gants (en latex) pour le cuisinier ou la cuisinière

Le couvert de Bébé

• Assiette à soupe (et son support) • Assiette plate • Asssiette à dessert et/ou coupelle
• Tasse d'apprentissage à bec et couvercle • Verre en plastique • Coquetier
• Cuillère et fourchette ergonomiques, non-conducteurs de chaleur, et sans goût particulier
• ... et le biberon jusqu'à ce qu'il n'en veuille plus !

• Bavoir à poche et/ou à manches • ... et chaise haute ou rehausseur de siège

L'âge de raison et...

Pour en savoir plus

Des livres...

• *La Nutrition de Bébé*, Info-Guide Lec. édition / Hatier •
• *La Nutrition de la jeune maman,* Nutrition et Santé, Lec. édition / Hatier •
• *Fruits et légumes*, Info-Guide Lec. édition •
• *Manuel pratique de cuisine*, Éd. Hachette •
• *Larousse de la cuisine*, Éd. Larousse •
• La collection des *Grands Livres de Cuisine d'Alain Ducasse,* Éd. Alain Ducasse •

Numéro vert Béaba : 0 800 32 39 76
www.beaba.com

Remerciements

Merci à Jean-Louis Berchet, Christophe Bougouin et Marie Claveau de la société Béaba, qui nous ont permis de créer ce livre de recettes d'un Papa-chef pour les mamans Babycook.

Merci à David Rathgeber d'avoir eu l'idée de ce livre pour Alphonse et d'avoir adapté ses recettes de chef pour les « graines de gourmets ».

Merci à Andrea et Millan, Gaspard et Louise, Léa et Sacha, Lili, Lilou et à Alphonse, bien sûr, d'avoir goûté les petits plats pour vous… et merci à leur maman, papa, mamie… d'avoir ouvert leur cuisine et accepté la présence du photographe, Jean-Bertrand qui a réussi à être aussi discret que possible !

Merci à Clémence d'avoir recueilli les éléments, fait ses marchés pour réaliser les premiers essais, avec un dynamisme communicatif ;
Merci à Laurence qui a su, avec talent, collecter et rendre accessibles les recettes du Papa-chef, et donner quelques bons repères aux jeunes parents pour favoriser la croissance et l'éveil du goût de leurs petits.

Et merci à Anne pour ses créations graphiques et ses trouvailles.

Direction de collection
Héléne Picaud et Emmanuel Jirou-Najou
Secrétariat de rédaction
Marie-Alice Chicou
Photographies
Jean-Bertrand Augendre
Création graphique et réalisation PAO
Anne Chaponnay

ISBN : 97 82 841 230 907
Imprimé en CE
Dépôt légal : 3eme trimestre 2005